「3つの型」でE判定から逆転合格！

無駄ゼロ勉強法

ポラリスアカデミア代表
吉村暢浩

KADOKAWA

はじめに

「頑張っても成績が伸びない！　無駄な努力をしているのかも……」

「苦手科目が克服できない。どこから手をつけていいのかもわからない」

「そもそも、大学受験って意味あるの？」

……受験指導をする中で、こんな悩みをよく耳にします。キミもおそらく、何かに迷いや悩みが生じているから、この本を手に取ってくれたのではないでしょうか。


受験勉強はライバルとの闘いでも、自分との闘いでもありません。**時間との闘い**です。

もし時間が無制限にあれば、じっくりと勉強に向き合うことができます。参考書に隅から隅まで目を通し、すべての用語・公式・解法などを身につけることができれば、志望校に合格することはさほど難しいことではなくなるでしょう。でも残念ながら、受験勉強にはタイムリミットがあります。限られた時間の中で「合格」という目標を達成するためには、**いかに無駄な**

く、効率的なアプローチで勉強に取り組めるかどうかが重要です。

そこで質問です。今、キミが抱える受験勉強のお悩みは何ですか？

もし冒頭のように、「成績が伸びない」「苦手科目が克服できない」「受験って意味あるの？」のような漠然とした悩みを抱えているとしたら、**悩んでいる時間自体が大きなロスになっていること**に気づかなければいけません。加えて、「英語の成績伸びないなぁ〜、もっと勉強時間を増やさなきゃ」という思考回路では、成績を伸ばすことは絶対にできないでしょう。

では、そうした悩みにどうアプローチすればいいか？

それをまとめたのがこの本になります。キーワードは、「**小さく・素早く・何度も**」。この3つの型を身につければ、**学習計画を立て、学習習慣を確立し、成績を上げる――この勉強の一連のプロセスにおいて、〝無駄ゼロ〟が実現できます**。

詳しくは本編で解説しますが、3つの型の内容を簡単に紹介しましょう。

1つ目の型「小さく」は、**解決できるサイズになるまで問題を分解する**こと。勉強するうえで一番無駄なのが、「悩み、立ち止まってしまう時間」です。そして悩んでしまう受験生の多くが、「何が問題なのか」をきちんと把握できていません。まずは問題を把握し、それを解決するために「小さく」分解することがファーストステップになります。

さらに、2つ目の型「素早く」は、**完璧主義をやめて、70%の理解度・正答率でいいから、できる限り高速性を追求する**ことです。完璧じゃなくてもいいから、たくさんの問題とスピーディに出会い、解決策を実行すること。これは、あらゆる問題に出会って引き出しを増やすため、そしてアウトプットの量を増やすために重要です。

そしてこの2つの型を「何度も」繰り返す。これが3つ目の型です。**問題特定→解決策の実践→復習という学習サイクルを回し続けて**、自分の苦手を確実につぶし、得意な科目をどんどん伸ばしていきます。

この「3つの型」のメソッドは、僕が運営する塾に通う受験生にも実践してもらっています。**そして実際に、京大をはじめとする旧帝大、早慶をはじめとする難関私立大、そして医学部医学科など、多くの難関大学・学部合格者を輩出しています（累計指導人数は1000人超え）**。本書ではその詳しい内容を、あますことなく公開していきます。

さて、申し遅れました。僕は吉村暢浩《のぶひろ》といいます。「ポラリスアカデミア」という大学受験塾を運営しています。

突然ですが、僕の家は、結構な貧乏でした。億単位の借金があって、僕が中学生のときに、実家が差し押さえにあうというマンガのような事件も起きました。この辺りの話はYouTubeでも公開しているので、興味があればぜひご覧になってください。

とにかく家にお金がなかったので、塾に通うことも家庭教師をつけることも叶《かな》わず、また、大学は国公立以外の選択肢がないという状態で、果敢にも京大を志望校に設定していました。ちなみに高校3年の夏の時点では、堂々のE判定をマーク。当時はギリギリまで部活もやっていたので、ホンマに崖っぷちの状態で受験に挑みました。

このときに僕が実践していたのが、**目標までの学習計画を逆算で立てることと、3つの型を押さえた学習の実践**です。もちろん、当時は「これが合格の3つの型や!」と思って取り組んでいたわけではありませんが、問題を小さく分解したり、7割の完成度で何度も繰り返したりするというメソッドを、自学自習の中で自然に実践できていたのだと思います。そして、直前のE判定をくつがえし、何とか京大に逆転合格することができました。

現在では、受験生をサポートする「ポラリスアカデミア」を立ち上げ、教育系ユーチューバーとして活動しながら、受験生版「Tiger Funding」（YouTubeで配信されているリアリティ番組）で当時最年少の虎にも選んでいただけるようになりました。あのとき京大に合格できていなかったら、僕の人生は180度違うものになっていたでしょう。

ただし、誤解を恐れずに言えば――。それは必ずしも、京大である必要はなかったかもしれません。なぜなら、**僕は大学受験という経験そのものを通して、大人になっても十分に通用する一生モノのスキルを身につけられた**からです。

よく「受験で勉強したことって、将来何か役に立ちますか？」という質問を受けます。ぶっちゃけた話、受験の知識を社会で使うことはほとんどありません。でも、自学で得た**目標達成のスキル**は、僕の人生において、何ものにも代えがたいものになったと思っています。具体的には、問題解決の力、目標から逆算して計画を立てる力、タスクを習慣化するメソッドやメンタルコントロールなどです。

こうしたスキルは、学校や塾に言われるがままに勉強しているだけでは到底身につきません。当たり前のことを言うようですが、勉強は、自分主体でするものです。塾や参考書はただのツール。**自分で考えて、自分で行動を起こし、自分で道を切り開いてこそ、大学受験という経験**

が、自身の大きな財産になっていきます。

そういう意味で、この本のテーマである3つの型は、キミ自身のスキルアップに大いに貢献するでしょう。問題を特定し、トライアンドエラーを重ねながらフィードバックを繰り返す。この力は、試行錯誤の連続である「人生」というフィールドを賢く生き抜くために、必ず必要になるものだからです。

本書のテーマは〝無駄ゼロ〟ですが、もう1つの裏テーマがあるとすれば、**自分主体で勉強することで、自立した受験生になる**こと。この本を読んで、そのためのヒントを少しでも得ていただけたら、これ以上にうれしいことはありません。

さあ、ページをめくれば、今日から〝無駄ゼロ〟の勉強のスタートです。
合格までの旅路を、一緒に歩んでいきましょう！

2024年2月

吉村暢浩

合格者の声

「逆転合格って、もともと頭がよかったんでしょ?」

「自学自習で大学受験はさすがにムリ」


……そう思うのもわかります。

でも、結果を出したのは僕だけではありません。

ここでは、僕が代表を務める「ポラリスアカデミア」で本書の学習メソッドを実践し、志望校に合格した受験生たちの声をご紹介します。


自己分析の力が、合格へと導いてくれた(Oさん/京都大学合格)

京大冠模試で偏差値50前後だったが、学習計画を作るようになってすぐ効果があり、次の模試では70を超えました! 成績が伸びた一番の理由は、自己分析の力を身につけられたこと。がむしゃらに言われたことをやるという受動的な勉強より、問題と弱点を自分なりに見つけ出して、それをつぶしていくことを心がけました。

自学のコツを知ったら点数が伸びた（Sさん／現役で6つの医学部に合格）

集団授業型の塾は、自分でやりくりができず合わないと感じていました。とはいえ高3の秋頃になっても過去問が全然解けない状態で困っていました。しかし、学習サイクルを繰り返す自学のコツを知ったら、冬には点数も伸びていって、成長を感じることができました。

直前の共テ5割でも、志望校を変えなかった（Iさん／千葉大学合格）

本格的に受験勉強に着手したのが高3の夏頃からで、志望校もずっとE判定。直前期の共通テストでも5割くらいしか取れず、かなり出遅れた感じがありました。それでも志望校を変えずに勉強に集中できたのは、綿密な学習計画を立てて、毎週のやるべきことを明確にし、迷いなく取り組めたから。友達に「千葉大学に行く」と宣言していたことも大きかったかもしれません。

無駄のない学習計画が合格を叶えた(Iさん/九州大学合格)

高校3年間野球部に所属していて、高3夏から自学自習で受験勉強をスタート。高3夏の共通テスト模試で5割・E判定が、最後は九大配点で7割5分に! B判定で二次試験に挑めました。オーダーメイドの学習計画を立てる方法を知ることで、志望校まで一直線の、無駄のない勉強法に取り組めたのがよかったです。それまでも自分なりに計画を立てていたのですが、どうしても主観的な情報になってしまって、計画自体に根拠が持てませんでした。学習計画を立てる方法を知れたことが大きかったです。

自分の選択なら、どんな結果でも後悔しない(Uさん/青山学院大学合格)

高3の夏に偏差値40台だったところから、1カ月後に50台、さらに1カ月後には60台を何度か超えるようになりました。無事合格できましたが、納得感を持てる選択が自らできるようになれば、どんな結果になっても後味の悪い後悔はないと思いました。

学習計画を自ら立てられるようになった(Oさん/東京理科大学合格)

学習計画の立て方がわかり、それによって継続力が鍛えられたことが合格への一番大きな力になったと感じています。もともと計画を立てるのが苦手だったのですが、だんだん自分の学力を客観的に把握できるようになり、最終的には学習計画も自分で組み立てていけるようになりました。

E判定でも最後まで走り切れた（Sさん／立教大学合格）

高3の夏までE判定。部活もギリギリまでやっていたので、勉強へのモチベーションが保てない状態でこの学習方法と出会いました。終始D〜E判定を推移していましたが、最後まで走り切れたのは、受け身ではなく自主的な姿勢が身についたことも含め、受験を通して人として成長できたからだと思います。

第0章 「3つの型」を手に入れて勉強の量と質を最短でアップする!

第1章 3つの型でつくる合格までの「無駄ゼロ設計図」

第2章 すぐ覚えて・忘れにくく・思い出しやすい「無駄ゼロ暗記」

第3章 素早く何度もアウトプット！「無駄ゼロ復習」

目次

第4章　やる気に頼らない「無駄ゼロ継続」

第5章 勝つために「本番まで無駄ゼロ」

装丁・本文デザイン　山田彩子（dig）
本文DTP・図版作成　エヴリ・シンク
校正　山崎春江
編集協力　荒井奈央
編集　大井智水

第0章

「3つの型」を手に入れて勉強の量と質を最短でアップする！

無駄ゼロのための3つの型とは、
「小さく」「素早く」「何度も」。
まずはそれぞれの取り組み方を、
詳しく解説していきます。
この3つの型は、キミの「悩み立ち止まる時間」を
限りなくゼロにし、
最短で成果を出す助けになるでしょう！

3つの型

「3つの型」とは、「小さく・素早く・何度も」

受験勉強に大切なのは「量」だと思いますか？　それとも「質」？　どちらも疎《おろそ》かにすべきではない？　いろいろな意見がありますが、僕は、この2つを分けて考えること自体が間違いだと思っています。

勉強とは「**量＝時間×質**」であり、質が上がれば量も自然と上がるもの。言い換えれば、**いくら勉強時間を増やしても、質を上げなければ無意味**ということです。やみくもに勉強時間を増やして、質を量でカバーしようとする受験生も多いのですが、ハッキリ言って、それらはすべて無駄な努力です。

では、勉強の質は、どのようにして上げればいいのでしょうか？　それは、**最強の問題解決力を手に入れる**こと。問題解決力とは、①問題を特定する能力、②解決策を素早く実行する能

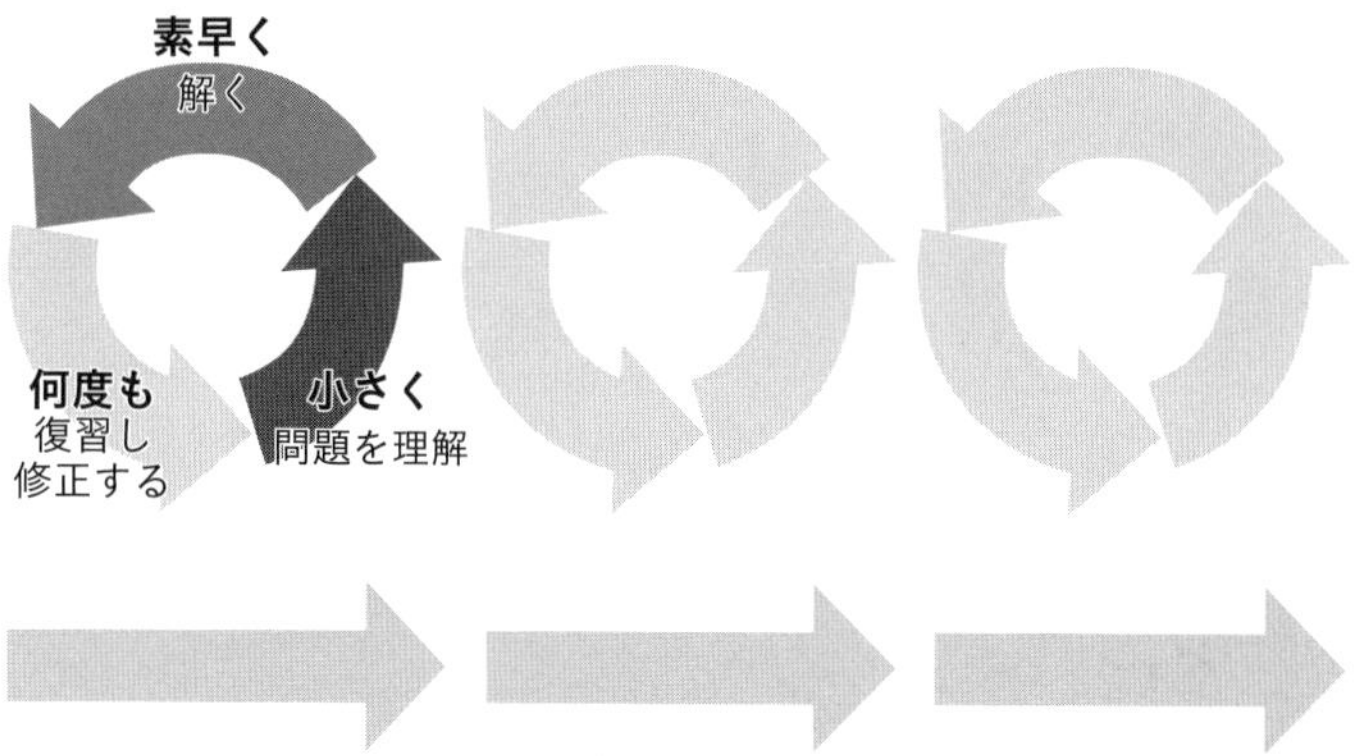

力、③フィードバックを経て改善する能力の3つと定義しています。

そして、これらを高めるために実践していただきたいのが、「小さく・素早く・何度も」という3つの型です。

「小さく」というのは、**問題を小さく分けて考える**ということ。頭にスッと入りやすいサイズまで切り分けることで、解決策へのアプローチの速度を速めます。

「素早く」というのは、**70%の完成度でいいから、たくさんの問題に触れるようにする**こと。経験値を効率よく大量に獲得できます。「何度も」は、**問題特定→解決策の実践→復習という学習サイクルを繰り返す**こと。この3つの型を実行することで、勉強の質は確実にアップし、「頑張っているのに成績が伸びない」という成果の停滞は必ずなくなります。

3つの型

「小さく」の心得

01

理解できるまで問題を小さく分ける

それではここから、1つひとつの型について、詳しく解説していきましょう。

まずは「小さく」から。

ここに、受験生A君とB君がいます。彼らに「ズバリ、今の勉強のお悩みは何ですか？」と質問したところ、こんな回答が返ってきました。

A君「英語が苦手。長文を見るだけで頭が痛くなってしまう……」

B君「英語の偏差値だけ、他の教科と比べると10も下。特に長文の問題は、5問中3問くらいは常に間違えている」

さて問題です。問題解決が上手なのは、A君とB君のどちらでしょう？

……悩むまでもありませんね。正解はB君のほうです。

「悩み」を細かく特定することによって、より具体的な解決策に取り組めるからです。


例えば、ゾウを食べようと思ったら、どうやって食べますか？

突然何言い出すねん吉村、と思ったキミも、とりあえず考えてみましょう。


巨体のゾウを食べるなら、「丸焼きにしてかぶりついたろ」、と思う人はあまりいません。

多くの人はまず、食べやすいサイズに分け、そこからさらに一口サイズに切って口に運びますよね。

問題解決も、これと全く同じです。

「英語が苦手」「偏差値が上がらない」「長文を見るだけでテンションが落ちる」……そんな問題は、大きすぎて食べられません。

「英語が苦手」なら、具体的に何が「苦手」と思わせているのかを考える。他の教科に比べて、英語のテストの点数が低いという事実が出てくる。

じゃあ、なぜテストの点数が低いのか？　設問の中でも、特に長文問題でつまずいていることに気づく。さらに、圧倒的な単語力不足で、長文を読むのに時間がかかりすぎているというところまで辿《たど》り着く。

ここまで来てようやく、問題が食べられる大きさになるわけです。

これが、勉強における問題解決の基本です。

大切なのは、**まず「何が問題か」を、なるべく小さいサイズで考える**こと。

シンプルで当たり前のことのように思えますが、実際の受験生は、圧倒的にA君タイプが多いのも事実です。

試しに今、キミ自身の「今の勉強の問題点」をいくつか挙げてみてください。

「数学が苦手」「単語が覚えられない」「やる気が出ない」

……こんな回答が頭に浮かんだら、それはまだまだ、ゾウの丸焼きレベルの問題意識である証拠です。

吉村のアドバイス

ここで取り上げる「問題」とは、自分がコントロールできる範囲内のものであることが大前提。例えば、「友達の成績が上がっていて焦る」「授業がわかりづらい」という受験生の声をよく耳にしますが、友達の成績や学校の授業は、キミがコントロールできるものではありませんよね?なので、問題でも何でもないし、そんなことで悩む必要もありません。

3つの型
「小さく」の心得
02

問題を「事実」と「解釈」に分ける

問題を「小さく」するためにまず取り組みたいのが、問題を「事実」と「解釈」に区別する作業。
両者には次ページの表のような違いがあります。

では問題です。次の問題は、「事実」と「解釈」のどちらでしょうか？

・英語が苦手
・数学の基礎問題は解けるけど、応用になると解けない
・単語を覚えてもすぐ忘れてしまう
・勉強に対するモチベーションが上がらない

解釈	事実
・**主観的**なもの ・人それぞれ捉え方が異なるもの ・**事実**について思うこと	・**客観的**なもの ・10人いたら10人とも同じことを言うもの ・**唯一無二**なこと

正解は、すべて「解釈」です。

客観的な事実は1つもなく、これらは「**自分はこうなんだ」という思い込みにすぎません**。論破でおなじみのひろゆきさんが言う、「それってあなたの感想ですよね」、みたいなことです。

では、これらの「解釈」を「事実」に直してみると、どうなるでしょうか。

・英語が苦手（解釈）
↓全教科平均の偏差値が60、英語の偏差値は48（事実）
・数学の基礎問題は解けるけど、応用になると解けない（解釈）
↓教科書のまとめ問題正答率80%、過去問の正答率30%（事実）
・単語を覚えてもすぐ忘れてしまう（解釈）
↓週次のテスト正答率90%、1カ月前の単語テストを解き直したら正答率40%（事実）

・勉強に対するモチベーションが上がらない（解釈）
→テスト前は1日3時間勉強していたが、テストが終わってからは1日1時間しか勉強していない（事実）

このように、問題を「解釈」ではなく「事実」で捉えることで、**解決までの思考回路に大きな変化が起こります**。それはつまり、より具体的で有効な解決策を導き出すことができるようになるということです。

問題を「解釈」で捉えてしまう、次ページの表のような解釈思考のままでいると、「英語が苦手だから、もっと勉強時間を増やそう」といったような、ぼんやりとした解決策しか実践できません。

そしてそれは、極めて無駄な勉強法であることがほとんどです。

加えて、**「自分は英語が苦手である」という思い込みから抜け出せなくなってしまうリスクもあります**。

「事実」に基づいた勉強法に取り組めば成績は上がるのに、「苦手だから無理」、あるいは「結

解釈思考	事実思考
あー英語は本当に苦手だなあ ▼ もう長文問題を見た瞬間に嫌な気持ちになるし…… ▼ そもそも英語に苦手意識があるから、勉強する気が起きないんだよなあ ▼ でもまあ、もっと英語の勉強頑張らないといけないよなあ ▼ 教科書をもっと読み込んだほうがいいのかな ▼ 教科書読むのをもっと頑張ろう！	英語の点数が80/200点だったなあ ▼ 単語の勉強は毎日しているのに定着率が60%から伸びない。長文は時間がなく、7問白紙だった ▼ 単語の定着率が低いことをまず解決しないといけない ▼ 頭がいい人って単語をどうやって覚えているのだろう？ ▼ 頭がいい人は「1日20個ずつ」という覚え方ではなく「1週間かけて100個」というように、1週間単位で目標を立てているらしい ▼ 「毎日単語100個3周」を1週間繰り返してみよう

果が出ないのは、向いてないから」と諦《あきら》めてしまう。

これって、めちゃくちゃもったいないことだと思いませんか？

今、キミが抱えている問題は、「事実」か「解釈」か。

ノートに書き出して、分類してみましょう。

まずはこの線引きをハッキリさせると、問題の姿が見えてきます。

3つの型
「小さく」の心得
03

「事実」をさらに小さく分ける

「事実」と「解釈」に問題を分けたら、**「事実」のほうの問題を、できる限り細かく、小さくしていきます**。冒頭のゾウの話のように、問題を食べきれるサイズにカットしていくのです。

例えば、「英語長文を時間内に解けない」という問題があるとしましょう。

これを細かく分解するとどうなるでしょうか。

英語長文を時間内に解けない

←

マーク式の長文問題で、平均5分、目標時間をオーバーする

←

20分目標の問題において、長文を読むのに15分かかり、20分経った時点で7問中5問の設問

事実の観点	大きい事実	小さい事実
結果の事実	・英語の偏差値が53 ・定期テスト120/200点	・リスニング50/100 ・リーディング70/100
行動の事実（自分・他人）	・英語の勉強は毎日している ・長文は週に2回読む ・リスニングの勉強はしていない ・英語の授業では寝ていない ・英語帳は『英単語ターゲット1900』（旺文社）を使っている	・単語を毎日50語見ている ・長文は熟読している ・英語が得意な友達は長文を毎日音読しているらしい ・リスニングをどうやって勉強したらいいのかわからない ・リスニングの勉強のやり方をネットで調べたら、シャドーイングというものがあった

しか解き終わっていない

ここまで問題を細かくできれば、「長文を読むのに時間がかかりすぎているのかも。15分じゃなくて10分で読めると、制限時間に収まるかもしれない」という仮説が生まれます。そしてようやく、「長文を速く読めるような勉強に取り組んでみよう」という道しるべが生まれるわけです。

まとめると、問題解決のためには、まずは問題を特定すること。そのためには、**「解釈」ではなく「事実」ベースで問題を捉え、それらを食べやすいサイズまで小さく分解していくことが大切です。**

3つの型

「素早く」の心得

01

すぐに手が動く具体的なアイデアを実践する

問題を「小さく」してその内容を特定したら、解決するための行動を起こしましょう。

まず取り組むべきは、その問題を解決するためのアイデアを、思いつく限り大量に挙げることです。

ポイントは、「何か微妙やな」と思うようなアイデアでもいいから、とにかく数を挙げて、それらを書き出してみること。

1つの問題につき、5〜10個くらいの解決策が思い浮かべば上出来です。

例えば、「英語長文を速く読めるようになりたい」という問題の解決策として、以下のようなアイデアが浮かんだとしましょう。

①長文が出てきたら速く読むように意識する
②英語に触れる時間を増やし、長文に慣れる
③速読用の参考書を買って、1冊やりきる
④一文一文を丁寧に読むのではなく、パラグラフごとに概要を把握できればOKとする
⑤知らない単語が多かったので、朝と夜に単語帳学習の時間をつくる
⑥返り読みのクセを直すために音読してみる

ここで重要なのは、**意識ではなく、すぐに行動を変えられるようなアイデアに特化すること**。

右に挙げた6つのアイデアのうち、①と②は抽象的で、具体的に何をすればいいのかが明確ではありません。なので、アイデアとしてはNG。

「○○するよう意識する」「○○を頑張る」「○○するのを気をつける」……こんなワードは全く具体性がなく、成長が見込めない勉強法の典型例です。

もし口癖になっていたら、今すぐに考え方を変えましょう。

一方で、③～⑥のアイデアは、実践内容が具体的です。「あとはやるだけ」レベルまで落と

し込まれているので、素早く行動に移しやすいですよね。

ここが大切。「このやり方で合ってるのかな」「これって意味あるのかな」と考える余地をなくして、とにかくすぐに手を動かせるようなアイデアを、片っ端から試していくことが重要です。

仮に「⑤朝と夜に単語帳学習の時間をつくる」を採用するなら、まずは1週間、重点的に単語帳学習に取り組んでみます。

それから再度、英語長文の問題を解いてみて、読むスピードが改善されていたらOK。「イマイチ変化してへん」と思うようであれば、別のアイデアを試してみます。

こうしてトライアンドエラーを繰り返しながら問題に挑むことで、その問題は、確実に解決されます。

大事なことは、できるだけ頭で考える時間を減らすこと。

悩まないですぐ実行、です。

すでに口酸っぱく言われていることだと思いますが、やろうと思ったことを先延ばしにしてはいけません。

逆転合格を目指す時点で、キミはすでに、**日数的に不利な状況に置かれています**。

「明日やろう」「ご飯食べたらやろう」、これで積み重なった無駄な時間を計算すると……ホンマに恐ろしいことになります。

頭で「このやり方で間違ってないかな……」なんて考えている時間は無駄です。

間違ってもいいんです。完璧である必要はありません。むしろ完璧主義を捨てて、すぐに修正できるよう、70％くらいの精度で走り抜けることが大切。

やるべきことを見つけたら、まずは手と身体を動かして行動に移すこと。

これをいつも頭に置いて、習慣づけるようにしましょう。

3つの型
「素早く」の心得
02

完璧主義を捨てよ。70％の完成度でいい

もしキミにまだ受験までの期間に余裕があれば、わざわざ無駄ゼロ勉強法に取り組まなくてもいいでしょう。

あるいは、現役合格にこだわらないのであれば、時間をかけて、着実に勉強していけばいいかもしれません。

でも、この本を手に取ったということは、キミの本番までの時間が限られているということ。

しかも、自分の実力が目標まで到達していない人が多いのではないでしょうか。

そんな状況下で大切なのは、締め切り意識を持つこと。

「時間は有限である」ことを常に頭に置いて、**「完璧」を求めるのをやめる**ことです。

受験生と話していてよく感じるのが、**みんな完璧主義すぎ!** ということ。

参考書は隅々まで目を通し、演習問題もすべて完璧に解けるようになるまで頑張るような受験生が多いです。

もちろん、気持ちは痛いほどわかります。

自分がフォローしていなかった部分が試験に出て、「なんでやっておかなかったんや!」となるのはめちゃくちゃ悔しいですからね。

ところが、逆転合格を目指すような状況であれば、そうした完璧主義がマイナスになってしまうこともあります。

まず、すべてを完璧に網羅《もうら》していては、確実に本番には間に合いません。中学・高校受験と違い、大学受験の範囲における情報量は膨大《ぼうだい》です。それらすべてを網羅するのは確実に不可能ですし、ときには切り捨てる判断も必要になります。

また、完璧を目指せば目指すほど、何かにつまずいたときに這《は》い上がることができず、沼状態に陥りやすくなります。例えば、「明日は午前中から勉強するぞ!」と息巻いていても、次の日に寝坊したりすると、「うわ、寝坊した……予定が全部狂った。もう明日からにしよう……」と、結局その日は何もやらなくなってしまう。予定を実行できなかったことでモチベーションが下がるなら、前日に何も決めていなかったほうがマシだったことになります。

合格するために、100点を取る必要はありません。**70点でいいから、とにかく問題特定→解決策の実践→復習のサイクルを回し続けること**。そうすることで、粗削りでもいいから、入試直前にはある程度のレベルの問題に向き合える状態にしておく。

逆転合格では、こうした学習のスタンスが求められます。

さらに70%で進めていくことの大きなメリットとして、より多くの問題に触れられることが挙げられます。同じ問題を反復するのも大切ですが、**多彩な問題と向き合うことで、解き方の感覚を磨くことができる**ようになります。

例えば、特に難易度の高い数学の問題などでは、ある種のひらめきが求められますよね。そういうときに、これまでに解いた問題のストックが豊富であればあるほど、「あの問題で使った解法がここでも使えるかも」というヒントを導き出せるのです。

参考書の理解度が7割でもいい。『青チャート』（『チャート式基礎からの数学』《数研出版》）はすべて解かなくてもいい。

とにかく完璧主義を捨て、前に前に進むことです。

吉村のアドバイス

完璧主義をなかなか捨てられない、という人がいます。完璧主義を捨てるための簡単なコツは、計算ミスや間違いを見つけたときに消しゴムを使わないようにしてみること。消すのは斜線で十分。消しゴムを使っている時間ももったいない！　と考えてみてください。
それに、間違いの過程を残しておくことも、復習時やふとした瞬間に意外と役立つものです。

3つの型
「何度も」の心得
01

1週間に一度、復習するタイミングを設ける

繰り返しますが、逆転合格を目指しているにもかかわらず、成績が伸び悩んでいる受験生は、**自身の行動を定期的に変えていかないといけません。成績が伸びないのはキミの頭が悪いのではなく、勉強法が間違っているからにすぎないのです。**

効果の出ない勉強法を繰り返していても、いたずらに時間と自信を失うだけです。

まずは、現状の問題を小さく分けて特定する。次に解決策を素早く実行に移す。実行内容を復習して修正する――これを何度もクルクルと回転させるのが、3つの型の基本になります。問題特定→解決策の実践→復習のサイクルを回転させながら、定期的に軌道修正を繰り返していきましょう。

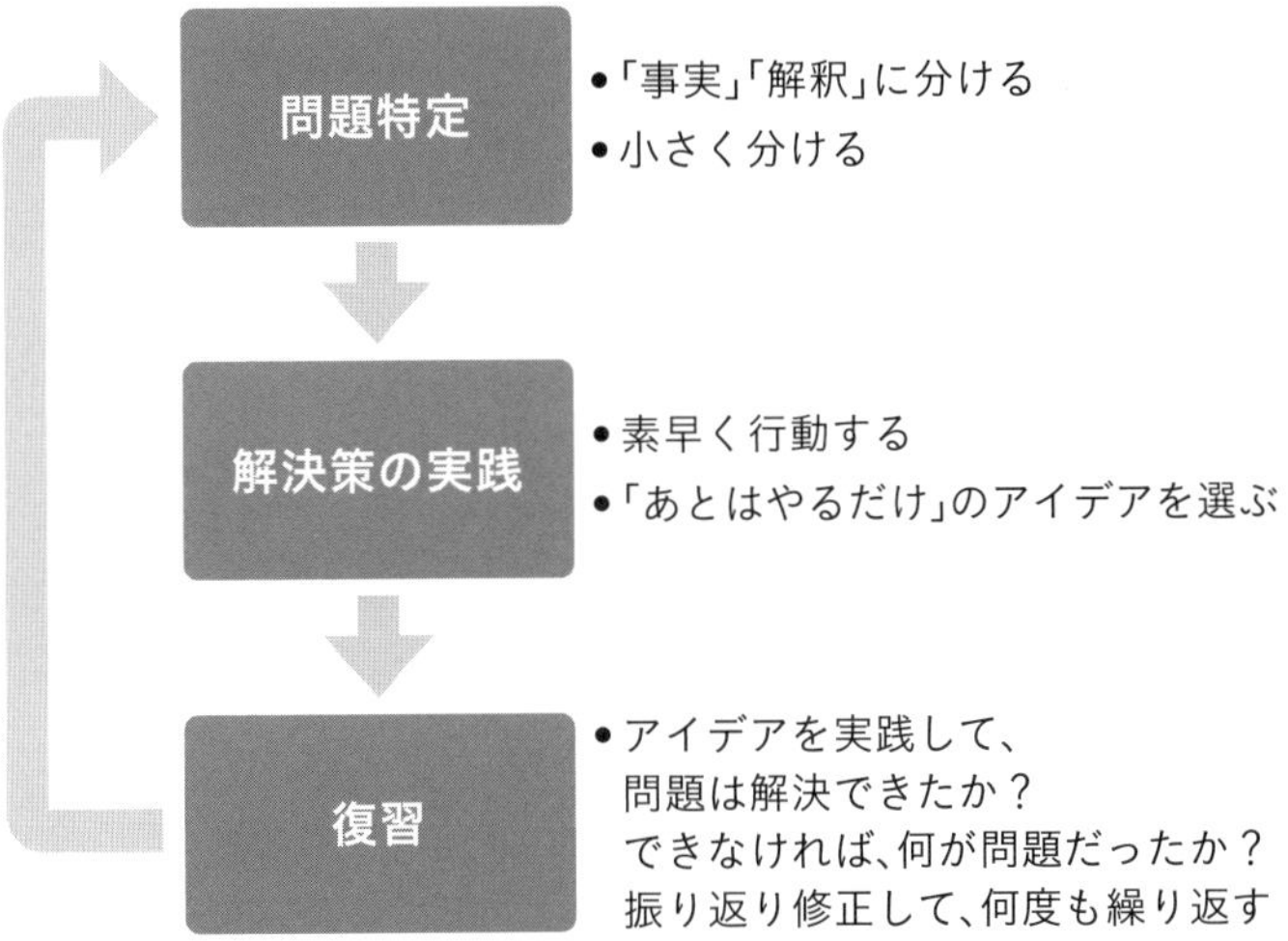
問題特定
・「事実」「解釈」に分ける
・小さく分ける
解決策の実践
・素早く行動する
・「あとはやるだけ」のアイデアを選ぶ
復習
・アイデアを実践して、
問題は解決できたか？
できなければ、何が問題だったか？
振り返り修正して、何度も繰り返す

復習のタイミングは、1週間に一度が目安です。このときに得たフィードバックは、必ず手帳にメモしておくこと。目標を達成できたか？　達成できなければ、何が問題だったか？　それらをまとめて記録することで、その先の学習サイクルの強化はもちろんのこと、自分の実力を正確に把握するのにも役立ちます。このメモの仕方は、後に続く「行動予定の立て方」で詳しく解説します。

このサイクルを回すことで、キミの弱点は必ず克服され、得意科目はもっと伸びていきます。

3つの型
「何度も」の心得
02

やると決めたら1週間はやり抜く

このサイクルを回すときに、頭に置いてほしいことがあります。それは、**「これ」と決めた勉強法をやりきるまで、迷わない**ことです。「このやり方でいいのかな?」「この参考書、効果あるかな?」……**そんなふうに考えたところで、答えは絶対に出ません。**

先ほど、**「悩まないですぐ実行」が大事**とお話ししましたが、ここでも迷いを断ち切ることが大事です。繰り返しますが、試してみてうまくいけば続ければいいし、ダメなら変えればいい。迷うよりも、「気になることは試してみよう」という実験的思考のもとに行動したほうが、時間の使い方としてはよほど有意義です。

また、結果が出る前に、「なんか違う気がする」と勉強法を変えてしまうのもNGです。うまくいかない勉強法を思考停止でずっと続けるのは問題ですが、感覚で合う・合わないを決めてしまうのはもっと危険。

必ず1週間単位で振り返りのタイミングを用意し、その間は、自分が決めた勉強法にフルコミットしましょう。

吉村のアドバイス

集中して1週間やりきるためには、脳のワーキングメモリを整理しておく必要があります。不要なことを考えない、迷わないように、1週間のタスクをあらかじめ紙かスマホのメモに書いて、常に目につくところに貼っておきましょう。机の前でもいいし、スマホのロック画面でもOKです。

第1章

3つの型でつくる合格までの「無駄ゼロ設計図」

ここからは、逆転合格までの
より実践的なテクニックを解説していきます。
まずは、合格までの設計図づくりから。
ゴールから逆算した戦略を立て、
日々の細かい行動計画を立てましょう。
「計画を立てるのが苦手……」
という受験生も大丈夫。
絶対に崩れない計画の立て方を、
細かくレクチャーします。

無駄ゼロ
設計図

「正しい危機感」を持つために戦略を練ることが大切

勉強を始める前に、まずキミがやるべきこと。

それは、戦略を立てることです。

「学習計画なら、すでに立てて取り組んでるけど……」

そんな声が聞こえてきそうですが、最初に立てるべきは、**「計画」ではなく「戦略」**なんです。

一般的に学習計画とは、「いつ、何をやるか」を決めたもののこと。対して戦略とは、計画プラス、中間地点での到達目標も定めたものを指します。つまり、**「いつ、何をやって、どうなればＯＫ」**までを設定する必要があるということです。

なぜこうした戦略を立てることが大切なのか？

それはもちろん、キミが逆転合格を狙《ねら》っているからです。入試本番までの期間に余裕があれば、コツコツ着実に積み重ねていくような勉強法でもいいでしょう。でも残念ながら、逆転合格を目指すキミには、十分な時間がありません。だからこそ、最初に戦略をしっかりと立てて、「やるべきこと」と「切り捨てるべきこと」を明確にする必要があります。

完璧主義はやめて、捨てるべきは潔く捨てていく。

ゴールまでの道のりを可視化することで、**「今のままで大丈夫かなぁ……」という漠然とした不安ではなく、「今のままでは間に合わない！」という正しい危機感を持つ**。これが1つ、戦略を立てることの重要なポイントです。

戦略を立てることのメリットとして、**身近な目標から達成感を得られる**ことも挙げられます。「今の勉強、ホンマに意味あるんかな？」とモヤモヤした気持ちで取り組むのではなく、目標→達成のサイクルを繰り返すことで、勉強へのモチベーションもグッとアップすることでしょう。そしてそれは、長く辛い受験勉強生活の中で、大きな救いになるはずです。

戦略の立て方の中でも、「小さく・素早く・何度も」の3つの型を使います。

それでは次のページから、具体的な戦略の立て方について解説していきましょう。

無駄ゼロ設計図

目標から逆算！「マイルストーン」と戦略を立てる3つのステップ

受験は時間との闘いです。

繰り返しになりますが、締め切り意識を持たず、明確な戦略を組めない人に、現役合格は100％不可能です。

その戦略を立てるにあたってまず大切なのは、**ゴールから逆算したマイルストーン（ここでは、中間目標を設定した全体の学習計画のこと）をつくること**。

下からコツコツ積み上げていくのではなく、最終的にゴールに必ず辿り着くまでのルートを逆算し、先のことから組み立てていくイメージです。

多少ガタガタでも構いません。70％の出来でいいから、まずはつくってみましょう。

具体的なつくり方を、3つのステップで解説します。

■Step1 志望校の配点・合格点を調べて、教科別の目標点数に「小さく」分けて落とし込む

実際の入試でどのくらいの点数を取れば合格できるかを割り出し、「目標点数」という具体的なゴールを決めます。合格最低点や合格者平均点は、各学校や専用のウェブサイトで調べられます。

目標点数の目安としては、「**過去3年分の合格者の平均点**」を目標に設定するといいでしょう。「それだとちょっとハードルが高い……」という人、あるいは、ウェブサイトに合格者平均点が公開されていない場合は、「**過去3年分の合格最低点の平均×1・1**」に設定するのがオススメです。

その後、1次、2次試験の配分、さらには各科目配分へと小さく設定していきます。科目の得意・不得意もあると思うので、教科別の点数はバランスを見ながら決めていきましょう。

■Step2 逆算した中間地点の目標と成果目標を立てる

目標の点数が決まれば、今の自分の実力と比較して、「○月までに模試で○点取らないとヤバい!」という目標が見えてくるはずです。それをいくつかピックアップして、中間地点の目

標を立てます。このとき大切なのが、必ず、**本番に近い位置から目標を立てていく**こと。これがいわゆる「逆算」です。

手前から目標を立ててしまうと、どうしてもすべてを完璧にこなしたくなり、高確率で本番に間に合わなくなります。甘い見積もりではなく、「これを達成しなきゃ合格できない！」という現実的で必達な目標を立ててください。

あくまで目安ですが、「入試直前、11月頃の冠模試もしくは全国統一模試までにB判定」「9月頃の冠模試もしくは全国統一模試までにC判定」を目標基準とするのがオススメです。

次に、目標達成までに必要な成果目標も挙げていきます。この内容は、**必ず成果で考えること**。例えば、「参考書を○冊読み終わる」といった行動目標ではなく、「模試でB判定を取る」「学年順位30番以内に入る」といった成果を目標に反映するようにしましょう。

ここまでやると、今の自分がどのくらい間に合っていないのかが可視化され、やるべきことが明確になります。

前項で言った「正しい危機感」が、きっとキミにも生まれるはずです。

■Step3「素早く」実行できるアイデアを出し、行動計画を決める

最後に、中間目標を達成するために、何をいつまでに、どのくらいやればいいかの計画を立てます。

ここはもう、超絶具体的に決めてください。「素早く」の型でもお伝えしたように、すぐに実践できるアクションにまで落とし込むことが大切です。

勉強する単元や参考書の範囲、問題数、ページ数、どういうテーマで取り組むのか……そういったことを、可能な限り具体的に組み立てていきましょう。

この計画の立て方については、後で詳しく説明します。

ここまでの説明で、「具体的なイメージがつかめない」という人もいるかもしれません。

そこで参考までに、僕が受験生のときに立てた戦略内容を載せておきます。

入試日
2014年2月25日

●**志望校**：京都大学工学部電気電子学部

●共通テストと個別試験の各教科の合格最低点(570)、
合格者平均点(600)

●**目標**：600点(※合格者平均、もしくは合格最低点×1.1で計算)

①共通テストと2次試験で配点を考える

- 200点満点の共通テストで8.5割・170点を取る
- 800点満点の個別試験で残りの430点を取る

↓

②科目ごとに振り分ける

〈共通テスト〉

英語50点満点の9割・45点
国語50点満点の8割・40点
社会100点満点の8.5割・85点
合計170点

〈個別試験〉

国語100点満点の5割・50点
数学250点満点の4.4割・110点
英語200点満点の6割・120点
物理・化学250点満点の6割・150点
合計430点

吉村のマイルストーン

	9月の模試	直前11月の模試	
2013年7月	2013年9月	2013年11月	
●**目標：** 直近2年間の赤本を終わらせる ●**目標の根拠：** 9月の模試でC判定を取るため、京大の問題に慣れる	●**受験する模試：** 京大模試 （※冠模試がないときは全国統一模試でもOK） ●**目標：**C判定 ●**目標の根拠：** 11月の模試でB判定を取るために、9月の模試ではC判定を取る	●**受験する模試：** 京大模試 （※冠模試がないときは全国統一模試でもOK） ●**目標：**B判定 ●**目標の根拠：** 2月の入試で目標点の600点を取れるように、11月の模試ではB判定を取る	

僕が実際にこのスケジュール通りにできたかと言うと、答えはノーです。「最低でもB判定」と決めていた11月の時点でD判定を取り、当時は「あかん、本番までに間に合わへん！」とめちゃくちゃ焦ってました。

結局のところ、気合いを入れて戦略を立てても、理想通りに進まないことがほとんどです。よって、**どこにうまくいかなかった要因があるかを検討し、戦略は随時、何度も修正していきましょう。自分の学習状況に合わせて、ゴールまでに達成しなければいけないことをその時々で考え、実践していく。この「何度も」修正が大切**です。

戦略の立て方においては、この軌道修正の過程が一番重要だったりします。

勉強に限らず何においても、計画通りに物事が進まないのは当たり前。

状況が変わったときの対応力を身につけることで、キミ自身の生き方のスキルも必ずアップするでしょう。

ここまで読んだら、第0章で紹介した3つの型を試みながら、実際にマイルストーンを作成してみてください。

ゴールはどこか、ゴールに辿り着くために障害となる問題は何か。これを小さく分けて考える。問題を特定したら、具体的な解決策を素早く大量に出し、実行する。そして、試してみてうまくいかなかったら修正。このサイクルを繰り返し回しながら、ゴールまで向かっていきましょう。

無駄ゼロ
設計図

絶対に予定倒れしない行動計画の立て方

次に、前項で紹介したStep3「行動計画を決める」を具体的に見てみましょう。

戦略は言い換えれば、ゴールまでの長期目標。対して行動計画は、日々の短期目標とイメージするとわかりやすいかもしれません。

戦略は予定通りにいかないものであるため、随時修正が必要とお話ししましたが、**行動計画はなるべく予定通りに進められるのが望ましい**です。


ただ、リアルな話、計画を立てるのってホンマに難しいですよね……。

僕が運営している塾の個人相談でも、計画に関する悩みがめちゃくちゃ多いです。

かくいう僕も受験生の頃は、超丁寧に立てた計画が開始3日で崩れ始めて、メンタルをやられた経験があります。

だから今、もしキミが計画通りに勉強を進められていなくても、心配しなくて大丈夫。計画は、立て方のコツさえつかめば、誰でも簡単にこなすことができるようになります。

せっかく頑張って計画を立てたのに、なぜ計画倒れが起きるのか?

その理由は2つあります。

1つは、**自分の勉強ペースを把握できていない**から。

「2時間あればこのくらいの量はできるやろ」という甘い見込みで計画を立て、実際にはもっと時間がかかり、「予定通りに終わらへん」という状況に陥ってしまう。キミも身に覚えがあるのではないでしょうか。

2つ目は、**イレギュラーを考慮できていない**から。

せっかく完璧な計画を立てたのに、学校で想定外の宿題を出されたり、部活が長引いたり、家族行事が発生したりとイレギュラーなことが起きて、予定が崩れてしまう。

もっとも、こういう事態は日常的に普通に起こりえることなので、想定内にしておかなければばいけません。

これを踏まえたうえで、三日坊主にならない計画をどのように立てたらいいか。

要は、自分の勉強ペースを正確に把握して、イレギュラーを考慮した計画の立て方を身につければいいわけです。

まず、**1週間分のやるべきことを、タスクベースで設定しましょう**。

「月曜は17時に帰って単語帳を暗記する」「火曜は16時半に帰って『青チャート』を○ページやる」のような、タイムスケジュールを組むのはNGです。

これをやるとすぐに計画倒れしてしまうので、やるべきことを1週間分、まとめて決めてしまうのです。

例えばこんな感じ。

《今週やるべきこと》

英語

・『英単語ターゲット1900』を1000〜1500まで3周する
・『関正生の英文法ポラリス』（関正生／KADOKAWA）をP45〜74まで進める
数学
・『青チャート』をP21〜40まで進める
・教科書の等差数列、等比数列のページをすべて読んで予習する

「いきなり1週間分なんて決められへん！」「多すぎたり少なすぎたりしそうで不安」と思うかもしれません。

この辺りは、あまり神経質にならなくて大丈夫。

最初はおおよそ自分の中で、これくらいならできそう、くらいの感覚で決めてしまってOKです。

無駄ゼロ
設計図

無駄時間をまるごと洗い出す「スキマ時間捻出手帳」のつくり方

週のやることが決まったら、タイムスケジュールに書き込んでいきます。

タイムスケジュールをつくるときのコツは、絶対に必要なところだけを先に埋めること。「睡眠時間」「食事時間」「学校時間」、人によっては「部活」や「習い事」……。最初にこの雛《ひな》形《がた》をつくって、ほかは空白にしておきます。雛形はコピーしておくと便利です。

さて、そうしてみると、勉強に使える「スキマ時間」が見えてきます。

「意外とあるな」と思った人も「ないな」と思った人も、あらためて日々の時間の使い方を可視化することによって、いろいろな発見があるのではないでしょうか。

もし「意外とないな」と感じたら、必要だと思って確保していた時間の使い方を、さらに細分化してみてください。

すると、通学中の時間や、これは大きな声では言えませんが、学校の内職時間なども「スキマ」として見えてきます。

スキマ時間が見えてくる手帳という意味で、このタイムスケジュールのことを僕は「**スキマ時間捻出**《ねんしゅつ》**手帳**」と呼んでいます。

スキマ時間が見えてきたら、そこに、次の日のタスクを書き込んでいきます。

ここで重要なポイントは、**必ず次の日のタイムスケジュールだけを決めること**。

1週間分、すべての学習予定を決めるのはNGです。前日に翌日だけのスケジュールを組むことで、イレギュラーによる計画崩れを最大限防ぐことができるというわけです。

さらにその予定は、可能な限り具体的に決めていきます。

例えば、「19時から21時は英語の勉強をやる」というのは、やや曖昧《あいまい》。

人は具体性に惹《ひ》かれる生き物で、**やるべきことが細かく決まっているほうが行動に移しやす**

いと言われています。

よってここでは、分単位で、具体的な参考書の名前も書き込みつつ、細かく予定を設定してみましょう。

そして、とても重要なことが、1日が終了したら、必ず、成果の記録をつけること。何を隠そう、計画を立てる工程の中で、これが一番大切なアクションです。

細かく組んだタイムスケジュールで、実際にできたこと、できなかったことをできるだけたくさん書き出していきます。

いくら予定を細かく立てても、どうしてもズレは発生します。例えば、問題集を10ページやるのに1時間で足りると思っていても、実際は1時間半かかってしまうこともあります。

このギャップ、30分のズレを、目に見える形で把握することが重要。

難しい言葉で「メタ認知」と言いますが、自分自身を客観視する習慣をつけることで、予測と現実のズレを修正しようとする意識が脳に生まれると言われています。

これこそが、記録の力です。

7:00	起床して朝食と準備
7:45	家を出て学校に向かう。通学中に『英単語ターゲット1900』の1000〜1500を1周黙読しながら暗記。覚えていなかった単語には✓の印をつける
8:20	学校に到着。学校の休み時間で、教科書の等差数列のページをすべて読みきる。昼休みは部活の集まりがあるから、それ以外の時間を使う
15:30	授業が終わり、下校。下校中は登校中に間違えた単語を覚えているか確認し、派生語までインプットする
16:05	家に着いたら制服のまま勉強。『青チャート』を夕食までに5トピック進める
18:00	夕食(30分で)
18:30	お風呂に入って、その後、明日の学校の準備
19:15	明日の英語の予習
20:00	『英文法ポラリス』をP45〜54まで進める
21:00	定期テスト課題の地理のプリントを最後まで終わらせる
22:00	家事の手伝いと休憩
23:00	寝る準備をして、今日間違えた単語を再度見直す
24:00	就寝

「頭でわかってるから、わざわざ書かなくてもええやん」

と、思ってるキミ。騙《だま》されたと思って、一度記録を習慣化してみてください。

これを**1カ月くらい継続すれば、予想と現実のズレがびっくりするくらい減っていき、勉強を計画通り進めることが難なくクリアできる**ようになります。

計画し、実践し、修正を繰り返す。これもまた、3つの型の応用型になります。

7:00	起床して朝食と準備
7:45	家を出て学校に向かう。通学中に『英単語ターゲット1900』の1000〜1500を1周黙読しながら暗記。覚えていなかった単語には✓の印をつける
8:20	学校に到着。学校の休み時間で、教科書の等差数列のページをすべて読みきる。昼休みは部活の集まりがあるから、それ以外の時間を使う **⇒4ページ、読みきれなかった**
15:30	授業が終わり、下校。下校中は登校中に間違えた単語を覚えているか確認し、派生語までインプットする **⇒読みきれなかった教科書を読んだので、単語の確認はできなかった**
16:05	家に着いたら制服のまま勉強。『青チャート』を夕食までに5トピック進める **⇒6トピック進んだ**
18:00	夕食(30分で)
18:30	お風呂に入って、その後、明日の学校の準備 **⇒友達から電話がかかってきたので、19:30まで電話をした**
19:15	明日の英語の予習
20:00	『英文法ポラリス』をP45〜54まで進める **⇒理解に時間がかかったので、P45〜50までのみ進んだ**
21:00	定期テスト課題の地理のプリントを最後まで終わらせる
22:00	家事の手伝いと休憩
23:00	寝る準備をして、今日間違えた単語を再度見直す
24:00	就寝

まとめると、

①ゴールから逆算した戦略を立てる

②「1週間ごとのタスクベース」「次の日のタイムスケジュール」で構成された行動計画を立てる（成果を毎日記録する）

この2軸で、合格までの設計図づくりは完璧です。

吉村のアドバイス

日々のタイムスケジュールにその日の成果を記録する際、カレンダーアプリなら、「予定」と「結果」で色を変えて入力すると見やすくてオススメ。紙の手帳を使っているなら、タイムスケジュールのページを2分割して、左に「予定」、右に「結果」を分けて書くのもいいでしょう。

無駄ゼロ設計図

「部活やめる」「やめない」は合否に関係ない

戦略や計画を組むにあたって、多くの受験生がぶち当たる問題の1つに、「部活やめるべき？」問題があります。

「勉強時間や体力に圧倒的な差がつくので、当然やめるべき」「いやいや、難関大に合格した受験生でも、勉強と部活を両立していた人はたくさんいる」……。

実にさまざまな意見がありますが、ここでは、客観的な事実と僕自身の経験に基づいた考えをお伝えします。

結論としては、「**部活を続けようがやめようが、あまり関係ない**」というのが僕の意見です。

まず、部活をしている・していないで、勉強時間に圧倒的な差がつくのは事実です。

例えば週に3日間、3〜4時間を部活動にあてているとすると、おおよそ週に10時間以上は部活動に費やしている計算になります。1カ月を4週間とすると、半年で約240時間以上にも及び、部活をしていない受験生と絶望的な勉強量の差がついてしまいます。

ところが、帰宅部の受験生の成績が伸びやすいかと言えば、一概にそうとも言い切れません。時間があることが逆に弛緩《しかん》につながり、勉強にダラダラと取り組んでしまう受験生も多いからです。

一方で、部活をしていても、メリハリをつけて勉強に取り組むことで、成績をメキメキ伸ばす受験生もいます。まさに僕がそうだったので（自慢ですみません）、参考までに、経験談をお話ししたいと思います。

僕は高校3年間を通して、野球部に所属していました。毎朝、起床は4時半です。支度をして家を出たら、6時から朝練に参加します。そこからみっちり2時間、ランニングやバッティング練習をして、8時頃から学校の授業が始まります。7限までの授業を終えたら、またグラウンドに直行。夕方の6時までトレーニングをしたら帰宅します。

当然、家に帰ったらクタクタです。でも、そこから夕飯を食べて、その日の勉強を始めます。受験勉強の他に学校の課題もあったので、寝るのは深夜の1時を回ることがほとんどでした。平均睡眠時間は3時間ほど。いつも倒れるように寝て、気力で起きていました。

勉強に関しては、前項でご紹介した「スキマ時間捻出手帳」を使って、スキマ時間を限界まで利用していました。移動中やトイレの時間はもちろん、お昼のお弁当もなるべく1人で、単語帳を見ながら食べていました。

そうして部活を引退したのが、高校3年生の7月末。野球部に所属している間はこのように勉強と部活を両立させ、京大の現役合格を達成できたわけです。

……いや、めちゃくちゃハードル高いやん！

そう思ったキミ、その通りです。逆転合格と部活のどちらも取ろうと思ったら、これくらいの気合いを入れないと厳しいと言えます。もっとも、僕のケースはかなりハードな部類だと思います。目指す大学にも関係すれば、また、もっとゆるい部活もあるでしょうし、勉強のやり方次第で、これほど詰め込まなくてもクリアできる部分もあるでしょう。

いずれにせよ、部活をやめようが続けようが、**時間の使い方がモノを言う**ということ。

部活をやめてもダラダラと勉強していたら意味がないし、部活を続けていても、余った時間を最大限勉強に捧げることができれば、逆転合格も十分可能だということです。

あえて言うなら、部活を続けることのメリットもあると思っています。

それは、**余裕がなくなるゆえに、目の前のことに集中できるようになること**です。

勉強の手を止めてしまうのは、「このやり方でいいのかな」「これやってて意味があるのかな」という迷いや葛藤《かっとう》です。この悩み時間をできるだけゼロにすることは、繰り返し説明していますが、本当に、とても大事なんです。

へたに時間に余裕があると、「なんでこんなに勉強しなきゃいけないんだろう」「大学受験って意味あるの？」と、余計なことを考える隙《すき》ができてしまいます。

でも、部活に時間を食われ、精神的な余裕がなくなると、今ある時間を最大限有効に使おうとする意識が働きます。必然的に集中力が増し、勉強の質も上がっていきます。

そういう意味でもしキミが部活と勉強を両立させたいなら、**自分がどのような時間の使い方をしているかを把握することが重要**になります。

先ほど「行動計画」の話で「1日のタイムスケジュールを詳細に決め、実行できたか確認する」というメソッドをお伝えしましたが、まさにこれが役に立つでしょう。自分の1日の動きを可視化して、「弁当食べながら単語帳を見れば、ランチタイムも勉強時間に昇格できるな」というふうに、有効時間をどんどん増やしていくのです。

決して簡単な道のりではありませんが、「受験するなら部活やめないと!」と決めつける必要はありません。また、部活と両立するなら、それなりの覚悟と気合いを持って取り組むことが求められるということです。

第2章

すぐ覚えて・忘れにくく・思い出しやすい「無駄ゼロ暗記」

勉強の根幹とも言える「暗記」。
暗記が得意だという人はほとんどいないでしょうが、
逆に、テクニック次第で
誰でも身につけられるのも暗記です。
重要なのは、インプットだけではなく、
アウトプットを重視すること。
まずは暗記の本質を理解しましょう。

無駄ゼロ暗記

暗記のキモは、「覚える&思い出す」のサイクルを回すこと

突然ですが、質問です。昨日した勉強内容を覚えていますか？

試しに今、何をどのくらい学んだのか、具体的な内容をすべて詳細に教えてください。

……スラスラ言えたキミは、勉強の本質を正しく理解して取り組めているということ。

逆に、「えーっと、物理のどこを復習したんやっけ……」としどろもどろになってしまったキミは、勉強、特に暗記の本質を見誤っている可能性が高いです。

では、暗記の本質とは何か？

それは、「**インプットして→アウトプットする作業**」だということです。

新しい知識を覚えるという意味では、暗記は間違いなくインプットです。でも、単語を一生

懸命暗記しても、いざテストのときにその単語を思い出せなかったら、暗記の意味がありませんよね。**覚える（＝インプット）と同時に、思い出す（＝アウトプット）ことにもフォーカスした暗記**をしないと、単語帳を何周しても全く意味がありません。

キミも経験があるんじゃないでしょうか？　1カ月前に英単語を20個暗記して、直後に受けた小テストでは100点を取った。でも、直近で受けたテストで、同じ単語が出てきたのに意味を思い出せなかった……なんていうことが。

成績が伸びない受験生の多くが、暗記を含む勉強全般を「インプットがすべて」と勘違いしている傾向にあります。だからこそ、「昨日、何を勉強した？」と聞いてもスッと答えることができません。入試本番でも同じように、記憶の引き出しを開けることができなかったら……？　今までの努力が、すべて水の泡です。

そこでここでは、「思い出すこと」にフォーカスした最強の暗記術と、よく行ってしまう無駄な勉強法の例をご紹介します。暗記は受験の最重要ファクターなので、これを完璧にマスターすれば、逆転合格がグッとリアルなものになってきます！

自分だけの「暗記専用空間」をつくる

無駄勉強法

いつもの勉強部屋で暗記学習に励む

大前提として、暗記学習を行う際には環境設定がマストです。
もし、普段の勉強部屋で暗記に取り組もうとしているなら、今すぐにやめましょう。そして、**暗記専用の場所を用意し、暗記学習は必ずそこで行うようにしましょう**。

理想は、狭くて物静かな空間。物は一切置きません。スマホはもちろん、他の教材もすべて排除して、「単語帳と自分だけ」状態をつくってください。

部屋を用意するのが難しければ、パーテーションで仕切るなどでもいいでしょう。僕の場合は、小さな机を壁にくっつけて、壁に向かって暗記をしていました。あるいは、布団をかぶって単語帳とにらめっこしていた時期もありました（睡魔との闘いになるので難易度高め）。そうして**「暗記しかやることがない」という空間**をつくることで、集中力を最大限に高めることができます。

その空間でまずは1週間、毎日暗記学習に取り組み、「ここが自分の暗記場所である」という情報を脳に刷り込んでいきます。何か行動を起こすときのきっかけのことを「アクショントリガー」と言いますが、この**暗記専用空間が、まさにアクショントリガーになる**わけです。「ここに来たら暗記をする」という脳の認知により、取り掛かりがスムーズになり、マックスの集中力で取り組めるようになります。

吉村のアドバイス

暗記のような単調作業は、狭い場所ほど集中できると言われています。広いと気が散ってしまうこともあるので、なるべく狭い空間で行ってみましょう。

無駄ゼロ暗記

単語をイメージ化して、映像で覚える

無駄勉強法

ひたすら書いたり眺めたりして覚える

絶対にやってはいけない暗記学習。それは、**ひたすら書いて覚える**というやり方です。

小学校時代から「とにかく書いて覚えろ」と言われてきた人、結構多いと思います。小学校の勉強量ならそれでうまくいったかもしれませんが、大学受験の莫大《ばくだい》な暗記量を、すべて手で書くことは絶対に不可能です。しかも、繰り返し「書く」という行為は作業要素が強いため、脳が思考停止してしまいやすいというリスクもあります。

そして絶対にやってはいけない暗記学習、その2。**ただ眺めるだけ。**

よく、「毎日単語帳を眺めるだけで覚える」「音を聞いているだけで覚える」という根拠のない暗記法を耳にしますが、覚えられるわけがありません。覚える単語をしっかりと考えて、脳をそこに集中させないと、ホンマにただただ眺めて終わります。

では、暗記学習の正解は何か。それは、**単語をイメージ化し、イラストや映像で覚える**こと。「イメージ暗記」とも呼ばれる手法です。

例えば、「急落する、まっすぐに落ちる」という意味の「plummet」という単語があります。英検1級レベルの単語で、文字面で見るとなかなかに覚えづらいですよね。これをそのまま「急落する」と覚えるのではなく、例えば、スカイダイビングで人が急降下しているイメージを頭に思い描いたり、隕石《いんせき》が地球に落ちてくるイメージを描いたりして、映像として脳にインプットさせます。最初のうちは、イメージすること自体が億劫《おっくう》で難しく感じるかもしれませんが、めげずに実践し続けてみてください。

「映画のタイトルは思い出せないけど、あのシーンは覚えている」ということ、よくありますよね。あれは、**人の脳が、映像化されたものをより高速に、スムーズに記憶できる仕組みになっている**からです。これをそのまま、英単語や社会用語などの暗記に当てはめて、より思い出しやすい記憶としてインプットする手法がイメージ暗記です。

対して通常の暗記だと、「英語（plummet）」＝「日本語（急落する）」といった、1対1の国語的な覚え方をしますよね。それだと、脳内で一度英語を日本語に変換する作業を行うため、脳に負荷がかかるうえにスピードもダウンします。

言語や文章といったダイレクトな記憶は、脳の苦手分野なのです。

単語のイメージ暗記に慣れてきたら、その単語を含めた例文もイメージ暗記してみましょう。例えば、「The meteor plummeted to the earth.」→「その隕石は、地球にまっすぐ急落した」など。

実際の入試では、1つの単語の意味のみを答えるという問題はほとんど出ませんよね。単語の意味を問われるのは、文法問題や長文問題です。つまり、単語単体ではなく、文章の中でその単語がどんな役割を持っているかを考える必要が出てくるのです。1つの単語につき、何か

1つでも例文を暗記しておけば、他の例文に出会ったときの理解のスピードが違います。よって、英語のイメージ暗記においては、単語よりも、**その単語を含めた例文まで覚える**ことを推奨しています。

さらに、例文は、より具体的な状況を表しているのでイメージ暗記が極めてやりやすく、時間が経っても思い出しやすいというメリットもあります。今回の例文であれば、助動詞「to」の使い方も学べます。

吉村のアドバイス

イメージ暗記は古文や社会用語などにも適応可能です。より効率的に行うために、イラストつきの参考書があれば、なおいいでしょう。また、音楽や映画で英語を聞いて覚えるのは、定着しやすいものの、効率という面ではやや微妙。リスニングは単語の音声教材などを使うほうが頭に入ってきやすいです。

無駄ゼロ暗記

暗記に音読は不可欠。絶対にやるべし

無駄勉強法

発音の確認に時間を取られたくないのでスルーする

イメージ暗記をする際に大切なこと。**単語も例文も、必ず発音してください。**

「出た！　暗記は声に出して覚えるタイプのやつ！」。はい、声に出して覚えるやつですが、これは実際に効果的です。

当たり前のことですが、英語は言語です。そして言語は、人と人が会話するためのコミュニケーションツールとして開発されたもの。目と脳だけではなく、耳と口も使って取り組んでこそ、実践的な英語学習と言えます。

歌や早口言葉を覚えてずっと忘れないのは、それらが言葉ではなく「音」だから。

脳で「覚える」だけでなく、五感も使って知識を「身につける」イメージで取り組むことが大切なのです。多くの単語帳には、ウェブサイトからダウンロードするタイプのものも含め、専用のリスニング教材がついています。これをフル活用して、単語も例文も、自分の口で音読することを習慣化しましょう。

まとめると、英単語を暗記するときの流れはこんな感じになります。

①覚えたい単語の発音を確認し、声に出して読んでみる
②その単語の意味を確認し、イメージをする
③その単語を使った例文を声に出して読んでみて、例文のイメージをする

繰り返しになりますが、言葉の表面的な部分だけを暗記すると、長期記憶として定着せず、肝心なときに思い出せなくなる可能性が高いです。イメージや音読、リスニングといった五感を駆使して、立体的に記憶することが大切です。

1週間に100語〜。暗記は「素早く」「何度も」繰り返す

無駄勉強法

1日10単語ずつ、コツコツ着実に覚える

絶対にやってはいけない暗記学習、その3。**少しずつ、コツコツ覚える**。

これも結構、やりがちな人が多いんじゃないでしょうか。人は忘れる生き物です。

例えば、受験本番までに2000単語を覚えることが目標だとしましょう。

1日10個ずつ覚えていくとすると、2000語に到達するのは約半年後。

では、半年経ったとき、1日目に覚えた単語10個を思い出せると思いますか？

確実に無理でしょう。

暗記の基本は、3つの型の「素早く」「何度も」を活用することです。広く浅く、70%の完成度でOK。

少しずつ着実に覚えることを目指すのではなく、**ある程度まとまった量の単語を一気に覚え、覚えているかチェック。それを何周も繰り返すこと**が重要になります。

例えば、「1週間に100単語を何周もする」という目標を立てたとしましょう。1カ月で約400単語終わって、4〜5カ月で2000語に到達することができます。

そして2周目は、同じ単語で「1週間に200単語を何周もする」を目標にしてみます。すると今度は、3カ月足らずで2周目が終わります。次はもちろん「1週間に300単語を何周もする」。1カ月半ほどで3周目が終わります。

このように、広く浅く、何度も反復することによって、記憶を定着させていくのです。

ではさらに具体的に、「1週間に100単語」をどのように覚えればいいか。

これは僕が受験生の頃に実践していた方法ですが、**「覚えて戻る」暗記法**をオススメします。

例えば、単語帳10ページ分を1日で覚えるとしましょう。そのとき、普通に「P1→P2→P3→P4」と進めていくのではなく、「P1→P1P2→P1P2P3→P1P2P3P4」と、1ページ進むたびに最初に戻り、反復しながら進めていくというやり方です。

結構しんどい作業になりますが、記憶の定着にかなり効果があるので、頑張ってやってみてください。

というか、暗記学習は本来、本気で取り組んだらめちゃくちゃ疲れるものなのです。

このように、**「素早く」「何度も」を軸とした暗記法は、冒頭でお話しした「思い出す」ことにフォーカスした記憶学習**でもあります。「覚える→思い出す」のサイクルを何周もすることで、アウトプットとしての暗記も着実に強化していきましょう。

吉村のアドバイス

寝ている間の脳は、記憶を結合・定着させる作業をするため、暗記は寝る前が効果的だと考えられています。ただし、やり方によっては逆効果になることも。以下の正しいやり方を実践してみてください。

①その日の勉強で生じた、特に覚えなければいけない単語をあらかじめピックアップしておく。

②寝る直前（30分くらい前）から暗記を始める。事前にピックアップしておいたものを短時間で詰め込むようにする。

③就寝5分前になったら暗記事項を書き出す。

④その後、一切の情報を入れない（スマホもＮＧ）で就寝。

⑤起床後、③の紙に目を通し、再度確認をして定着させる。

英単語帳は3周が限度。それでも覚えられないなら、別の方法へシフト

無駄勉強法

覚えるまで5周、6周と繰り返す

とはいえ、やみくもに単語帳だけを何周も何周もするのは、あまりオススメできません。単語帳は、多くても3周が限度。3周終わったら、新しい別の単語帳を買う、単語帳ではなく熟語帳に移るなどして、新しい切り口の暗記方法を考えましょう。

単語帳の反復は極めて重要な学習法ですが、やりすぎることのデメリットもあります。それ

は、次第に作業が機械的になり、**単語の本質的な意味を無視して覚えてしまう**ということです。例えば、「この位置に載ってるのはあの単語だな」「この単語の次に来るのはあの単語だ」といったように、**単語帳の中の単語として記憶してしまう**んですね。

するとどうなるか。テストの長文でその単語が出てきても、「単語帳にあったな……」にとどまり、意味をパッと思い出すことができません。単語の小テストにはギリギリ対応できても、長文や例文への応用が利かなくなってしまうのです。重要なのは、その単語の和訳、発音、類語や派生語、例文への使われ方、それらすべてです。和訳だけを記号的に頭に叩き込むのではなく、さまざまな角度からの理解を深めていかないと、記憶に定着しません。

一方で、「単語1つ覚えるのに、そんな時間と労力をかけて大丈夫なの？」と不安に思う人もいるかもしれません。確かに、イメージ暗記も含め、単語を立体的に理解し、暗記するのは結構大変な作業です。だからこそ、この章の冒頭でお話ししたように、暗記専用の場所をつくり、集中力を最大に高めて臨む必要があります。

加えて、最初はしんどいと感じても、やり進めていくうちに慣れていきます。単語の意味を見てパッと情景をイメージし、例文も軽々と理解できるようになれば、そこからは面白いほど暗記のスピードが上がっていくでしょう。暗記に焦りは禁物なのです。

無駄ゼロ暗記

モテる条件＝和歌がうまい。古文は当時の「古文常識」を知る

無駄勉強法

古文の単語、文法をひたすら暗記する

僕が通っていた高校の古文の先生は、いつもこう言っていました。

「あんたたち、入試に必要な古文単語って、英単語のたった10分の1くらいの量よ？ それくらいサッサと覚えちゃいなさい！」

……僕はそれを聞いて思いました。「いやいや、とは言えやん！」と。

古文単語は、英単語にはない独特な難しさがあります。

英語と違って活用形が変わると見分けがつかなくなったり、英単語のように半角スペースで区切られていないので、どこまでが1つの単語かわからなくなったり。

「同じ日本語やん」と言う人もいますが、「英語より古文が苦手」という受験生も決して少なくないはずです。

そこで推したいのが、**古文でもイメージ暗記を活用**することです。

「古文常識」を知っていますか？　古文が使われていた時代の生活や文化、あるいは当時の価値観のことを言います。

例えば、今の日本では、浮気や不倫はルール違反とされていますが、古文の主な舞台である平安時代では、高貴な男性には妻以外の愛人が複数いるのが常識でした。また、恋人に気持ちを伝えたいとき、現代ならLINEで「好きだよ♡」というメッセージを送りますが、平安時代はラブレターに和歌をしたためて贈っていました。

当たり前のことですが、平安時代には今と違う当時の常識があり、それが古文の世界観のベースになっています。

古文単語や文法を学ぶとき、古文常識を知っていれば、情景がイメージとして頭に浮かびやすくなります。そういう意味では、古文こそ、イメージ暗記に適した科目だと言えるかもしれません。

もっと言うなら、古文常識に関連した動詞や、当時の生活様式を知らないと理解できない文章なども出てきたりするので、古文常識はぜひ押さえておきたいパートです。

当時の世界観を知ることで、古文が面白くなるというのも魅力です。古文に苦手意識を持っている人は、試しに古文常識をチェックしてみてください。意外とハマるかもしれませんよ。

古文常識として覚えたい例には、例えば次のようなものがあります。

- **モテる条件＝和歌がうまい**
- **高貴な男性は愛人がたくさんいても倫理的にＯＫ**

吉村のアドバイス

- 「垣間見《かいまみ》」＝垣根の間から女性をのぞき見する行為。貴族はよく垣間見をして、好みの女性を探していた
- 「物の怪」＝人間にとり憑《つ》いて悪さをする悪霊。平安時代の人々の脅威だった
- 「世を捨つ」＝出家する。平安時代の人は、絶望すると出家しがち
- 「四十《しじゅう》の賀《が》」＝長寿のお祝いのこと。平安時代当時は40歳で長生きとされていた

……などなど、現代とは違う常識はまだまだたくさんありますから、ぜひ一度、調べてみてください。

古文の助動詞を利用した暗記攻略法4選

無駄勉強法

言葉の意味だけをそのまま覚えようとする

とはいえ、すみません、古文は暗記です。古文常識を知れば強いことに間違いありませんが、やっぱり暗記学習が絶対的に必要です。英単語よりも覚える量が少ないというアドバンテージはあるものの、現代の口語にはない単語や活用法が余計に覚えづらい厄介《やっかい》な科目でもあります。

そこでここでは、効率のいい古文暗記の４つのポイントについて解説します。

■助動詞は4つの要素をひたすら音読せよ

助動詞は全部で28個ありますが、まず、これらはすべて丸暗記してください。ポイントは、必ず「意味」「活用」「接続」「例文」の4つを暗記すること。「き・けり＝過去、詠嘆」と「意味」だけを覚えるような暗記の仕方は絶対にやめましょう。

「そんなのわかってる。その4つを覚えるのがしんどいねん！」。そんな声が聞こえてきそうなので、オススメの覚え方をご紹介します。それは、**1日10分でいいので、音読すること。**理由は英語と同じく、古文もやはりコミュニケーションツールだから。

「けら／○／けり／ける／けれ／○」という活用は、とにかく呪文《じゅもん》のように口にしていれば自然と覚えます。「むかし、をとこありけり」「みやこぞはるのにしきなりける」といった例文も、口に出してリズム感をつかみながら覚えていきましょう。

音読の効果をイマイチ感じられないという人は、音読することだけに意識が向いてしまっているから。**必ずその助動詞の「意味」「活用」「接続」「例文」を覚えるために音読していることを意識しながら口ずさむようにしましょう。**

■覚えづらい古文単語は漢字込みで暗記する

大学受験で必要な古文単語の数は、約400語。暗記のポイントは、**1つひとつの単語とその意味を3回ほど音読しながら覚える**こと。そして、前に述べた通り、「広く、浅くを何度も繰り返す」。1つの単語にかける時間は5秒くらいを目安に、何周も何周もして覚えていきましょう。

どうしても覚えられない単語は、**漢字とセットで覚える**のも手です。例えば、「をこなり」という単語は、漢字で書くと「痴なり」。痴漢や音痴の「痴」という漢字から、「バカげている・間が抜けている」という意味を何となく連想することができます。

■成績アップのキモは、助詞をどこまで把握できているか

古文ではわりと軽視されがちな助詞ですが、実はめちゃくちゃ重要な役割を担っています。というのも、古文に限らず、日本語は助詞によって格を決定するからです。「吉村さん『が』」と言えば「吉村さん」が主語になりますし、「吉村さん『に』」と言えば、「吉村さん」は目的語になります。古文を解くうえで最も難しいことの1つである「主語の選定」が、助詞を理解していれば、格段にわかりやすくなります。

助詞は全部で6種類しかないので、まずはその6種類をサラッと見ておくだけでもいいでしょう。加えて、「主語が変わりやすい助詞」と「変わらない助詞」がそれぞれ4〜6つほどあるので、それを頑張って暗記すること。そのうえで、実際に問題演習をする際に助詞に注目して文章を読んでいくと、必ず成績が上がります。

■尊敬語・謙譲語は敬意がどこに向いているかに注目する

尊敬語と謙譲語の違いについて、「尊敬語は相手を上げる、謙譲語は自分を下げる」と理解している人も多いと思います。これは極めて曖昧な捉え方で、難解な古文を読むうえでは、関係性を把握しづらいというデメリットがあります。そこで古文に関しては、**「尊敬語は主語に敬意が向く、謙譲語は目的語に敬意が向く」**と覚えましょう。「吉村さんがおっしゃった（吉村さん＝主語。つまり尊敬語）」、「吉村さんに僕が申し上げた（吉村さん＝目的語。つまり謙譲語）」という感じです。敬意がどこに向いているかで尊敬語・謙譲語を理解すると、古文の読解力がかなり向上します。

無駄ゼロ暗記

日本史の人名は法則性やエピソードとセットで攻略

無駄勉強法

似たような名前を気合いで覚えようとする

大学受験の日本史で出てくる語数は約6600語。中でも、人名の暗記には苦労している人も多いのではないでしょうか。僕も受験生だった頃は、「また藤原出てきた……そんで足利は何人おんねん」という感じでめちゃくちゃキライでした。ここではそうした、〝日本史、似たような人物名多すぎ問題〟の対策法をいくつかご紹介します。

■肖像画とエピソードもセットで覚える

日本史の名前は無限に同じ苗字が出てくるので、字面《じづら》だけで覚えるのは至難の業《わざ》です。例えば左の表は、15代にわたって続いた徳川家の名前一覧になります。

いや、エグい。名前に「家」つく人多すぎん？　家継やら家定やら、そんで家茂は「もち」って読むんかい！　とツッコミが止まりません。

初代将軍	徳川家康	いえやす
第2代将軍	徳川秀忠	ひでただ
第3代将軍	徳川家光	いえみつ
第4代将軍	徳川家綱	いえつな
第5代将軍	徳川綱吉	つなよし
第6代将軍	徳川家宣	いえのぶ
第7代将軍	徳川家継	いえつぐ
第8代将軍	徳川吉宗	よしむね
第9代将軍	徳川家重	いえしげ
第10代将軍	徳川家治	いえはる
第11代将軍	徳川家斉	いえなり
第12代将軍	徳川家慶	いえよし
第13代将軍	徳川家定	いえさだ
第14代将軍	徳川家茂	いえもち
第15代将軍	徳川慶喜	よしのぶ

これらを無理やり頭に叩き込むのは大変なので、**文字以外の要素で覚える**必要があります。

例えば、**肖像画**。その人の絵や写真が残っている場合はチェックして、顔もセットで記憶すると、多少は覚えやすくなります。ただ肖像画となると、結構似たり寄ったりのおじさんの絵が続くことになるので、それに加えて**それぞれのエピソード**も調べてみるといいでしょう。

例えば11代将軍の家斉は、めちゃくちゃ女好きで有名。側室が数十人もいて、55人（諸説あり）もの子どもを残したというツワモノです。自分の子どもがどこに嫁いだかわかるように、嫁ぎ先の家の門を赤く塗るよう指示したそうで、あの東大の赤門もその1つなんだとか。

一方で、あまりにも子沢山すぎたせいで、幕府は深刻な財政難に陥ります。そこで「寛政《かんせい》の改革」などの財政再建を行ったのが、老中に抜擢《ばってき》された、あの松平定信《さだのぶ》です。松平定信は、諸説ありますが、家斉の夜の生活にも口を出していたそうで、仲がめちゃくちゃ悪かったらしいです。

こんなエピソードを知るだけでも、曖昧だった家斉の将軍像が少しリアルになり、グッと覚えやすくなりませんか。家斉は必ずしも試験に頻出する人物ではありませんが、背景込みで理解することによって、名前を覚えるだけでなく、付随する松平定信といった重要人物や、なぜ財政改革が行われたかといった歴史の流れも把握することができます。

■名前の規則性を見る

「徳川家、やたら『家』がつく人が多い」といった規則性を逆手にとって覚える方法もあります。

例えば徳川家の場合、「家」がつく人は、「重」「治」「斉」といった「家」に続く漢字のみを覚える。平安時代に活躍した奥州藤原氏なら、清衡《きよひら》、基衡《もとひら》、秀衡《ひでひら》、泰衡《やすひら》とすべてに「衡」がつくので、「清」「基」「秀」「泰」を覚える。藤原不比等《ふひと》の次は房前《ふささき》、冬嗣《ふゆつぐ》と、『ふ』がつく名前が3連続」として覚える。こんなふうに、小さな規則性でもいいので、何かしらの共通点や自分なりのルールを見つけると覚えやすくなります。

ちなみに、徳川家で名前に「家」がつかない人は、もともと将軍になる予定がなかった人たちにあたります。江戸時代の将軍は長男が継ぐのが普通でしたが、何らかの理由でそれが叶わず、急遽《きゅうきょ》将軍に任命されたメンバーが「家なし」組なんですね。

そんな彼らは、「武家諸法度（秀忠）」「生類憐《しょうるいあわれ》みの令（綱吉）」「享保《きょうほう》の改革（吉宗）」「大政奉還（慶喜）」と、かなり大きな業績を残しています。ピンチヒッターで将軍になった人ほど、意外とでかいことをやってのけているんですよね。人名とその背景を知ると、意外と面白い発見につながることもあります。

紙1枚に書きつくす！ 知識の最高のアウトプット

無駄勉強法

つながりを無視して単語を羅列する

かつて、オリエンタルラジオの中田敦彦《なかたあつひこ》さんが、ご自身のYouTubeチャンネルで、手書きでまとめられたホワイトボードを活用されていましたよね。あのように、ホワイトボード1枚、もしくはノート1枚、紙1枚に自分の知識をまとめていくという方法は、とても有効な勉強法です。**特に僕がオススメしたいのは、暗記でこれを使うというもの。**ルールは2つです。

①白いスペースに、自分が知っている知識を何も見ずにありったけ書き込んでいく

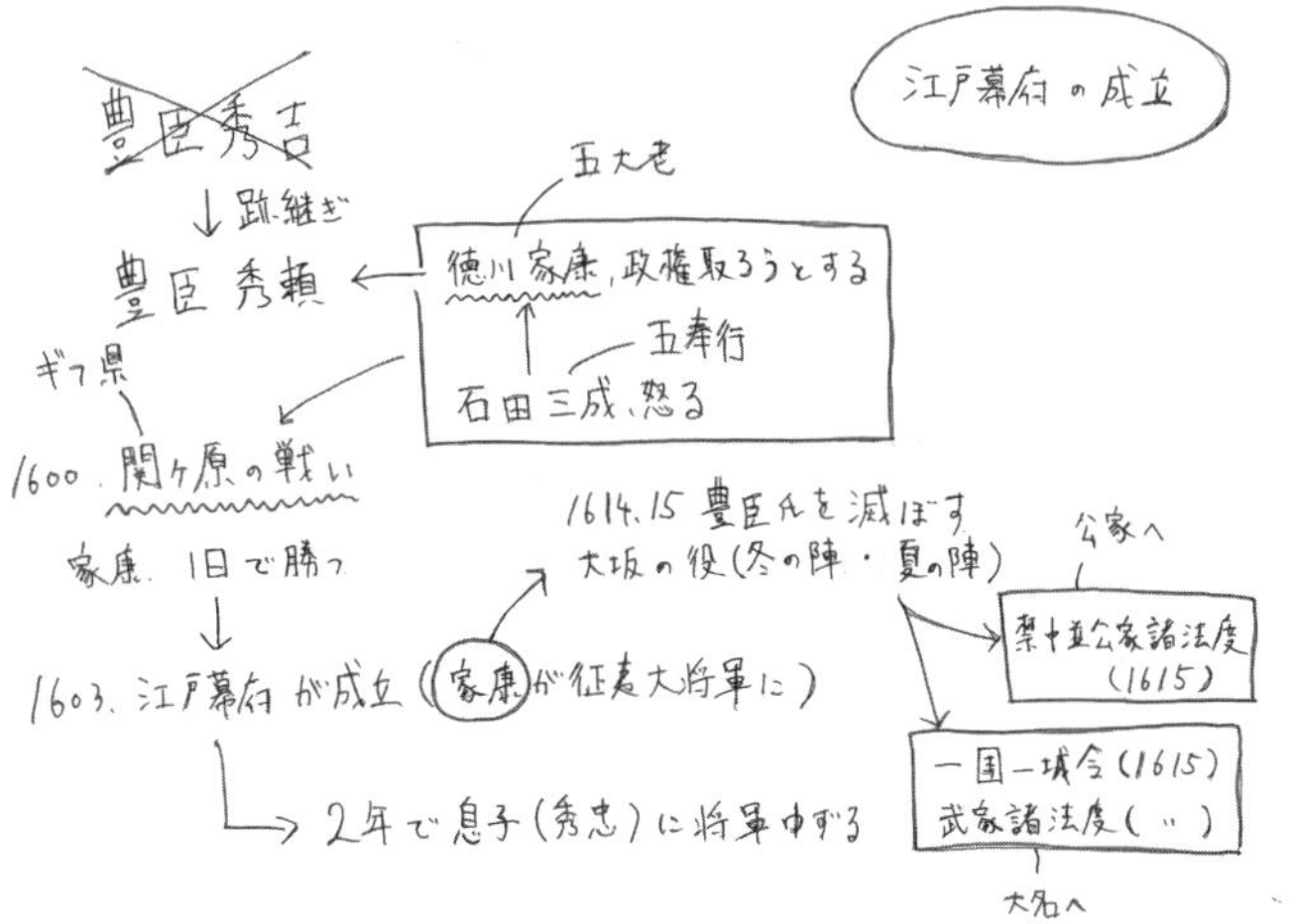

「江戸幕府の成立」についてまとめた例

②ポツンと独立した要素をつくらない。矢印や線などでどこかに必ずつながるように書く

書く知識は、例えば歴史なら「鎌倉時代の流れ」や化学の「ベンゼン環を持つ化合物の反応」で構造式と名称をマッピングするなど。テーマに沿って覚えている単語を、考え込まずに思いつくままどんどん書き込んでいきます。最初は白紙もあまり埋まらないかもしれません。しかし、何度もやっていくうちに、自然と紙一面に書けるようになっていくはずです。これは、自分の知識を「使う」ことの訓練にもなりますし、文字だけでなく、さまざまな要素とのつながりの中で、知識の全体像を把握することにもなります。

無駄ゼロ暗記

『一問一答』は暗記で使わずテストで使う！「モグラ叩き暗記法」

無駄勉強法

『一問一答』を暗記の教材として使う

受験勉強には欠かせない『一問一答』。キミは使っていますか?

かなりメジャーな参考書ですが、多くの教育系ユーチューバーや受験生の体験談を聞くと、その内容には賛否両論あります。僕も受験生の頃は、『一問一答』には大変お世話になりました。

結論から言うと、正しく使えばいい参考書ではありますが、間違った使い方をすると命取りになります。その間違った使い方とは、**暗記のためのメイン教材として使う**こと。

今はさまざまな教科の『一問一答』が出ていますが、基本的には社会で使う人が多いのではないでしょうか。その内容は基本的に、用語を覚えることに特化しています。よって、もしキミがクイズ番組に出るのであれば、『一問一答』はかなり有効な参考書でしょう。

でも、**流れを把握することが重要な歴史などの科目においては、その流れを学べないというのが、『一問一答』の致命的な弱点**です。仮に『一問一答』を全部覚えたとしても、過去問は全くと言っていいほど解けません。本筋を覚えず『一問一答』ばかりを勉強するのは、法律を知らずに判例を覚えようとする法学部の学生さんのようなものなのです。

『一問一答』は、**覚えるためのインプット作業ではなく、学んだことを復習するためのアウトプット作業に適しています**。あくまで暗記の補強アイテムと心得てください。

学んだことを正しく理解できているか、暗記できているか。用語や人物の名前に抜け漏れがないか。そうしたことの確認作業としてなら、『一問一答』は大きな力を発揮します。

ここで3つほど、『一問一答』のオススメの使い方を紹介しましょう。

1つ目は、**計算ドリルのように、問題をひたすら解くために使用すること**。

『一問一答』のオーソドックスな使い方と言えますが、ポイントは、**考え込まずにひたすら手**

を動かすように解いていくこと。僕は「モグラ叩き暗記法」と呼んでいます。

スピード勝負がカギになってくる試験問題において、反射神経を鍛えるためにも有効です。

2つ目は、**アプリを使ったり周囲の人に頼んだりして、問題をランダムに解くこと。**

『一問一答』や英単語帳でありがちなのが、解答を場所や順番で覚えてしまうこと。それを防ぐために、家族や友達にお願いして、クイズ形式にランダムで問題を出題してもらいましょう。また、同じように、ランダムに出題してくれるアプリが付いた参考書もありますので、これをうまく活用するのも手です。

3つ目は、**『一問一答』の問題部分を隠し、解答を見たうえで、それが何かを説明する**という使い方。「問題→解答」ではなく「解答→問題」といったふうに、いつもの逆を行うのです。

用語をただ字面で暗記しているのではなく、きちんと内容を把握できているかどうかの確認を行うことで、より理解度を深められます。前項でご紹介した、「紙1枚に書きつくす!」というメソッドと組み合わせて試してみるとさらに効果的です。

第3章

素早く何度もアウトプット！「無駄ゼロ復習」

暗記と同じく、復習は勉強の基本中の基本です。
でも、受験生の9割が、
そのやり方を勘違いしている……と聞いたら、
キミは驚くでしょうか。
間違えた問題の解法を理解する。そして、
同じ問題が出ても解けるようにする。
復習をそう解釈しているとしたら、要注意。
今すぐにこの章を読んで、
復習の本質を身につけましょう！

無駄ゼロ復習

受験生の9割が知らない、成績爆上がりの復習の鉄則3選

100人中100人の受験生が、「復習は大切だ」と言うでしょう。でも、100人中99人の受験生が、そのやり方を間違っているような気がしてなりません。

問題を解けなかった↓解説を見て理解する↓もう一度同じ問題を解く↓できた！

……こんな感じで復習に取り組んでいるなら、残念ながら、復習の本質を理解できていないのと同じこと。間違えた問題を克服し、次に同じ問題が出ても解けるようにする。これは、復習という勉強法の上澄み部分だけをすくい上げたようなやり方です。

復習の本質とは、**間違えた問題から、今後出会うであろう新しい問題の解法のヒントを得る**

ことです。解説を見て、その問題が解けるようになるのは当たり前。そうではなくて、そこで学んだヒントを得て、他の問題にも応用できるようにするのが復習の意義。これをやらないと、いくら復習を繰り返しても新たな問題に対応できず、学びがイタチごっこになってしまいます。

そこでここでは、本質的な復習の具体的なやり方を解説します。以下の3つのポイントを読み、実践してみてください。

①解けなかった原因をできる限りピンポイントで抽出する

復習するときに、「なぜ解けなかったのか？」を考えず、問題の解き方全体を覚えようとするのはNG。その方法だと、別の問題を解くときに応用できる知識が身につかないからです。

大切なのは、**解けなかった原因をピンポイントで抽出して、他の問題にも応用が利く形で克服していくこと**。まさにこの本のテーマである「3つの型」の、「小さく」を実践するのです。

例えば英語の長文問題なら、単語や文法などの知識不足で間違えたのか、設問で問われている部分の該当箇所を見つけられずに解けなかったのか。数学なら、問題の初手で発想力が足りずに解けなかったのか、計算力不足でミスが発生したのか。

ここを正確に把握することで、今の自分に足りない能力を見つけ出し、そこを強化することができます。これが本質的な復習法であり、本当の意味で「実力を上げる」ことにつながります。

②再発防止のため、新しいアクションをとる

問題を解けなかった原因が「英語長文で、設問の該当箇所がわからなかった」だとしたら、「本文を読む段階で、各段落の要約をメモしながらまとめる」などの解決策を考え、それを実行していきます。第0章で紹介した「すぐに手が動く具体的なアイデアを実践する」を活用しましょう。繰り返しになりますが、「長文をもっと注意して読むよう意識する」などの解決策はご法度。**具体的な行動ベースのアイデア**を実行することで、初めて結果が変わってきます。

③ミスの原因をまとめた「ミスノート」をつくる

解けなかった問題の原因がわかったら、それをノートにまとめます。まとめ方にルールはありませんが、問題（貼ってもOK）、自分の間違えた答案、正しい答え、なぜ間違えたか、の4点を記入するのがオーソドックスなフォーマットです。面倒であれば、問題や解答は書かずに、なぜ間違えたかのみを記録してもいいでしょう。大切なのは、具体的に書くこと。「公式を忘れていた」と書くのではなく、「$\sin(90°-\theta)=\cos\theta$の公式を忘れた」と具体的に記入し、忘れていた公式はすぐ目に入るようにしておきましょう。

このノートは定期的に見直します。勉強前はもちろん、模試や問題演習の直前に見直すのも効果的です。「ここで間違えたんだ」という自分のミスを繰り返し目にして、それをメタ認知することにより、同じミスが劇的に減ります。事実、成績が伸びる受験生の多くが、彼らなりのミスノートをつくっています。

次のページからは、科目ごとに復習のポイントを解説していきます。

特に、ここで取り上げた3つのポイントの中の②の具体的なアクションについては、自分では思いつかない場合もあるでしょう。そこで、受験生がつまずきやすい問題点と、その解決策の例を挙げていきますので、ぜひ参考にしてみてください。

無駄ゼロ復習

英語

一番に手をつけたい！英語を制する者は受験を制す

出題文章との相性が生じる国語や、ひらめきの影響が大きい数学に比べて、英語は試験の点数が安定しやすいという特徴があります。「本番だけたまたま高得点が取れた」のようなラッキーパンチが起こりづらい科目です。

また、毎日コツコツ、が効く科目ですが、逆に言えば、短期間で詰め込んでも成績が上がりにくく、高1・2年生のうちから志望校の出題傾向に特化した対策を行う必要があります。よって、得意科目にしておけば、受験勉強を有利に進めることができますし、逆に英語の点数を上げることができなければ、大きく足を引っ張ってしまいます。復習法をしっかり押さえて、ぜひ重点取り組み科目にしてください。

近年の傾向としては、英語はどの大学でも難化傾向にあります。英語長文に含まれる語数や語彙《ごい》レベルも上がっています。センター試験から共通テストに変わったタイミングで文法の知識を直接問う問題がなくなったのも大きな変化です。英検等の外部試験を入試に導入する大学も増えてきており、変化の激しい科目でもあります。

かつてのセンター試験と比較すると、網羅すべき英単語数が約1100語増加して3900語に。2024年はさらに増えて、約4900語になったというデータもあります。語数はもとより、長文に出てくる語彙レベルも確実に上がっています。さらに2024年の共通テストでは、「制限時間内に終わらなかった」という声が続出。3ページにも及ぶ長文読解も出題され、今まで以上に暗記学習や英文読解能力の強化が求められています。加えて、問題を制限時間内に終わらせるコツも知っておくべきでしょう。

ここでは、レベルアップした試験に対応できる、英語の復習のメソッドを解説していきます。

英語以外の教科にも言えることですが、復習は、取り組むタイミングも重要になります。**勉強したその日の夜、翌朝、さらに1週間後という3つのタイミングで必ず復習する**ようにしましょう。

無駄ゼロ復習

英語

知らない単語が出たとき、推測できないか試す

無駄勉強法

知らない単語だからと諦める

ここからは、問題ベースで、さらに具体的な復習方法についてご紹介しましょう。

例えば、英語のテストで長文や例文を理解できなかったとしましょう。その理由が「知らない英単語が出てきたこと」であれば、自分の知識不足を補強していく必要があります。

まず、その**英単語が単語帳に載っているかどうかを確認**します。もし載っているようであれば、暗記学習が不十分ということなので、第2章を参考に暗記を強化しましょう。

では、載っていなかったら？

単語帳に載っていない単語は他の多くの受験生も知らないことが多いので、「知らなかった……」と自分の知識不足を責める必要はありません。でも、「単語帳に載っていないなら知らなくていいや」とスルーするのもオススメしません。意味と例文をインターネット等で検索し、イメージ暗記で覚えてしまいましょう。単語帳に載っていない単語を覚えることができれば、他の受験生に差をつけることができます。

ただし、わからないすべての単語に対してこのようなアプローチをするのは、キリがなく非効率です。すべてを網羅する必要はなく、「その単語を知らなかったせいで解けなかった」という単語に絞り込んでOKです。もちろん、固有名詞は覚える必要はありません。

試験当日に知らない単語が出てしまったときは、どう対処するか。「知らなかった」と諦めるのは早いです。頭を切り替えて、意味を推測できるかどうかを考えてみましょう。方法は2つあります。

①接頭辞など、単語の成り立ちから推測する

英単語には、それぞれのパーツに役割があります。主なものとして、単語の意味を表す「語根」、語根の前につき、新たな意味を与える「接頭辞」、語根の後に付き、新たな意味を与える「接尾辞」があります。

例えばunwantedという単語は、「un（否定）」という接頭辞と「wanted（欲しい、必要とされる）」という語根で成り立っています。このことから、「不要な」という意味であることが推測できます。同じようにunforgettableという単語なら、接頭辞「un（否定）」、語根「forget（忘れる）」、接尾辞「「able（～できる）」で成り立っていることから、「忘れられない」という意味を推測することができます。

このように、英単語を構成する接頭辞や接尾辞を知っておくと、単語の推測や暗記に役立つことがあります。

②文脈から推測する

文中の、特にディスコースマーカーを参考にすると推測できる場合があります。

ディスコースマーカーとは、「but（しかし）」や「in short（言い換えれば）」といった、英文の流れを示す単語のことで、文脈を理解するための目印になります。

ちなみに「discourse」とは「話」という意味で、「marker」とは「目印、標識」の意味。

例えば、文章を読み進めているなかで「but」が出てきたら、それまでに述べられてきた内容とは逆の意見や主張が展開されると思ってみると、前後の意味を推測しやすくなります。

例を挙げましょう。

He never forgives his subordinates for slacking on their work. In short, he is a very passionate person about his work.

「subordinates」「slacking」あたりの英単語がやや難解で、前半の文章の意味がわかりづらいですよね。でも、「In short」に続く「he is a very passionate person about his work（彼は仕事に対して非常に情熱的である）」という文章を見れば、「仕事に情熱的な人が絶対に許さない（never forgives）となると、サボったとか、そういうことかな？」『slacking』はサボりっていう意味の単語かも」と推測して読み進めることができるわけです。「subordinates」は「部下」という意味ですが、文章の内容にさほど影響はないので、ここは「彼の仕事関係の人かな？」くらいに当たりをつけておけばＯＫ。

ちなみに、後半の文章にある「passionate」は、「passion（情熱）」に「ate（の性質のある）」という接尾辞がついた単語。「passion」が「情熱」という意味であることを知っていれば、こちらも推測できますよね。

無駄ゼロ復習

英語

返り読みしない、英語長文読解倍速テクニック「スラッシュ型速読法」

無駄勉強法

長文は、英語を日本語に直してから読む

突然ですが、キミは英文を読むときに、左から右に読むことができていますか？「当たり前やん」という声が聞こえてきそうですが、僕が言っているのは、**文を語順通りに理解することができているか**、ということです。例を挙げましょう。

I need to buy the ingredients for today's lunch.

この文を見たとき、頭の中で、「I need→私は必要がある、to buy→買う、the ingredients→材料を、for today's lunch→今日の昼食の」と、文の順番通りに読んで内容を理解できていたら、「左から右に」読むことができています。

逆に、一度文全体に目を通して、後ろからさかのぼるように訳し、「私は今日の昼食の材料を買う必要があります」とキレイな和訳を導き出したようであれば、改めたほうがいいでしょう。英語長文を速く読むコツは、**丁寧に読まないこと。そして、キレイな日本語に直さないことです。**

後者のような英語の読み方を「返り読み」と言います。親しみやすい語順でわかりやすい和訳になるため、返り読みに慣れている人も多いと思いますが、**右から左に読み直す手間が発生するため、スピード面ではかなり不利**です。

この返り読みをなくして、語順通りに理解するクセをつければ、単純計算で読むスピードが2倍以上になります。

そもそも、長文問題の本質とは何か？

それは、文章のテーマや主張を捉えること。

すべてを正確に、丁寧に訳すことは求められていません。長文問題を英文法や英文解釈の問題の延長線上にあると理解している人が多いのですが、それは大きな誤解です。

これをしっかり頭に置いたうえで、以下の手順で、語順通りに読むことを心がけましょう。

具体的に返り読みをやめるコツは、**左から右に読む中で、「ほんで？　ほんで？」というふうに、せっかちな関西人のような気持ちで読む**こと。左から右、の順番は崩さず、後ろに答えを求めながら読んでいくイメージです。

先ほどの例文の場合は、

私は（何するん？）必要があります（何の？）買う必要が（何を買うねん！）材料を（だから何の？）今日の昼食の（なるほど～）

という具合です。英文に取り組む際は、心に関西人を宿して読んでみてください。

これに、英語長文でよく用いられる「**スラッシュリーディング**」を組み合わせると、読むのがなおスムーズになります。

スラッシュリーディングとは、文章をスラッシュで区切りながら読む技のこと。例えば先ほどの文章なら、

I need／to buy the ingredients／for today's lunch.

というふうに、ある程度のまとまりで区切ることで、視覚的にも理解しやすくなります。3つの型の中の「小さく」にあるように、区切ることで理解しやすくし、速読しやすくするのですね。書き込むことでリズムをとれるのもいい点です。

どこで区切るかはその人の英語力によるので、最初は1単語ずつ区切ってみましょう。そして慣れてきたら、まとめて意味を理解できる範囲で、どんどんスラッシュの間隔を大きくしていきましょう。

文章にスラッシュをつけながら、「ほんで？ ほんで？」と関西人のテンションで読んでいく。これが僕流の「**スラッシュ型速読法**」です。英語長文を読むのが遅いという人は、ぜひ試してみてください。

長文を読む前に設問に目を通す

無駄勉強法

本文からすぐに読み始める

2024年の英語の共通テストで課題になったのが、制限時間内に問題を解き終わらないということ。長文の内容を素早く理解するために、前項の速読法に加え、**必ず先に設問に目を通すようにしてください**。ポイントは、**問題文の疑問詞5W1Hに注目して、何を問われているのかを把握しておく**こと。例えば、問題文に「why」が使われていたら、理由を問われていることがわかります。「who」なら人物、「when」なら時に注目すればいいことがわかりますよね。

このように、疑問詞に注目するだけで、解答の根拠になりそうな部分を絞ることができます。

また、**設問に出てくる人名や地名などの固有名詞を頭に入れておく**のも有効です。いざ文章を読むとき、そのワードが繰り返し出てくる部分があれば、解答のヒントになる可能性が高いからです。設問数と設問のタイプをあらかじめ把握できたり、文章末尾にある訳注を見逃したりすることがなくなるといったメリットがあります。**英語長文は必ず設問に先に目を通し、問われていることを明確化してから文章を読むようにしましょう。**

ただし、選択式の問題の場合は、本文を読む前に設問の選択肢を読まないようにしましょう。本文を読んでいない状態なら理解に時間がかかりますし、何よりも、ミスリードされてしまうリスクがあります。本文をすべて読みきった後、「あれ？ ②が正しいと思ったけど、それって本文に書いてあったのか、単に設問の選択肢を覚えていただけなのか、どっちだろう？」となってしまい、結局細かく読み直すハメになってしまいます。**設問で問われている内容に目は通しても、選択肢には目を通さない**こと。ぜひ、覚えておきましょう。

無駄ゼロ復習

英語

英作文ほど例文暗記！知識のストックがモノを言う

無駄勉強法

文法や単語を覚えて何とかする

多くの人がすでに体感していることだと思いますが、英語の中でも、英作文はかなり特殊な存在です。長文や文法問題と違って正解が複数あるので、逆に対策が難しいジャンルでもあります。

まず前提として頭に入れておいてほしいのは、**英作文は加点法ではなく減点法**であるということ。どんなにカッコいい言い回しを使ってみても、文末に「?」マークをつけ忘れるなどのイージーミスをすれば、容赦なく減点されます。その代わり、中学レベルの英単語でも、ミスなく書ければ高得点を取ることができます。

もう1つ、英作文で高得点を取るためのポイントとして覚えておきたいのが、必ず自分が正しいと実感している表現を使うこと。**「この言い回しでも意味が伝わるんじゃね？」というふわっとした感覚で書くと、高い確率で減点されます**。

そういう意味では、英作文は知識がモノを言う科目です。よく「**英作文は英借文**」と言われますが、これはつまり、正しい表現のみをつなぎ合わせて答案を作成しなければいけない、ということ。例えば、「病院に行きたい」を英語で表現するとき、「I want to go to a hospital」と解答すると、意図が伝わらないとして減点を食らいます。正しくは、「I want to see a doctor」。これって、知らないとわからないですよね。これが、英作文に知識が必要とされる所以《ゆえん》です。それでは、英作文の具体的な勉強方法を2つのステップで解説します。

①例文を暗記し、ポイントを抽出する

まずはとにかく、あらゆる例文を暗記することです。『ドラゴン・イングリッシュ』（竹岡広信／講談社）などの参考書に載っている例文の日本語訳を見て、書いてある通りに例文を答え

られるようになればＯＫです。

そして次に、各例文のエッセンスを抽出します。例えば、

It is Jack that wants to see you.（まさにジャックが、あなたに会いたがっています）

という例文なら、「It is that構文」がそれにあたります。要は、よく使うフレーズ、表現に着目して、それを抽出して覚えるのです。

ちなみに、「フレーズを覚えるなら、例文まで暗記することないやん」というのは間違い。**例文を丸ごと暗記することで、「この動詞って現在形？　過去形にするんだっけ？」「複数形になると、この名詞ってどうなるんだっけ？」という細かい変容が自然とわかるようになるから。**手間に感じても、例文を頑張って暗記する意味は大きいです。

②そのフレーズを使って自分なりの英文をつくる

次に、そのフレーズを使って実際に英文をつくってみます。「It is that構文」なら、

It is a cup of hot cocoa that makes me happy.（私を幸せにするのは1杯のホットココアだ）

というふうに。このステップを踏むことで、正しい英文のストックを自分の中につくれるようになります。ここで注意したいのは、難しい単語を使わないこと。わかりやすい単語や、自

分の好きなもの、家族や友達の名前にまつわる単語を使うようにしましょう。そうすることで、実際に英作文を書くときに、表現がすぐに思い浮かぶようになります。

吉村のアドバイス

英作文を学ぶときに考えたいことの1つに、コロケーションがあります。コロケーションとは簡単に言うと、単語の相性のこと。例えば日本語で「襟《えり》を正す」と言いますが、「襟を改善する」とは言いませんよね。同じように英語でも、「問題を解く」なら「solve a problem」ですが、「問題に答える」なら「answer a question」といったように、同じ意味合いの文でも使う単語と動詞が異なる場合があります。この辺りの感覚も、多くの例文に触れることで育んでいきましょう。

無駄ゼロ復習

英語

英作文は「和文和訳」と「点検作業」で得点アップ

無駄勉強法

英語での言い回しや単語がわからず止まってしまう

前項で英作文の具体的な勉強法についてお話ししましたが、ここでは、実践にあたってのコツを解説します。

1つ目は、**英作文に割く時間のうちの半分の時間を使って、丁寧に和文和訳する**こと。

まず「和文和訳って何?」という疑問の答えから。和文和訳とは、自由英作文なら書きたいと思った内容、和文英訳ならその和文を、自分が知っている英語の表現で書き換えられる日本語に訳すこと。

例を挙げます。

「人類は環境問題を蔑《ないがし》ろにしている」

この文を英訳する際に、「蔑ろにする」という英単語が思いつかなかったとしましょう。

そうしたときに和文和訳をして、「蔑ろにしている」を、もっと簡単な日本語に嚙《か》み砕いて表現します。例えば、「真剣に考えていない」と言い換えてみると、「don't think seriously」という英訳になります。これを導き出せれば、「disregard＝蔑ろにする」という英単語を知らなくても、減点されない英作文をつくることができるわけです。

特に難関大の和文英訳になれば、英作文用に作られた簡単な文章ではなく、日本語で読んでも難解な文章が頻出します。そんなときに和文和訳の力を鍛えておけば、難しい英単語を使わなくても上手に英語で表現することができるようになります。

とはいえ、「半分の時間を和文和訳に費やすのはやりすぎじゃない？」と不安になる人もいるかもしれません。でも、いきなり英文を書き出す↓詰まる↓うまい和訳を考える↓もう一度英文を書いてみる、というやり方をすれば、逆に時間がかかってしまうこともしばしば。

まずは、「あとは英語に直すだけ」という状態の完璧な和訳を用意して、一発で英文を書き上げるのが、英作文の一番効率のいい解き方です。

もう1つ大切なことは、完成した英文の点検作業を行うこと。

英作文で間違えやすいポイントは共通していて、主に**単複・時制の一致、能動態と受動態**などが挙げられます。その他にも自分が間違えやすいポイントをあらかじめ把握しておき、それらのミスがないかどうかをよく確認しましょう。

加えてよくあるのが、訳し漏れ。**「とても〜」「たぶん〜」「〜だろう」などの表現は、結構見落としがち**です。これを防ぐためには、自分が書いた英文を最初から見ていき、もとの和文と照らし合わせて、表現に対応する日本語を取り消し線で消していくという作業をしましょう。

もし訳し漏れがある場合は、その単語が消えずに残っているので、そこでミスに気づくことができます。

せっかく英作文がよくできていても、訳し漏れなどのイージーミスで減点されるのはかなりもったいないこと。最後の点検作業は必ずやってください。

英作文は、入試で使わない人もいるかもしれません。一方で、入試に出題された場合、得点の2〜3割を占めたりもするので、必要な人はぜひ対策しておきましょう。

無駄ゼロ復習

数学

足をすくわれやすい数学の復習のポイント

教科別苦手ランキングで、不動のトップの座に鎮座し続けている数学。でも言わずもがな、英語同様、数学はめちゃくちゃ大事な教科です。理系の受験生にとっては最重要科目と言っても過言ではありませんし、文系でも、共通テストで必要な受験生も多いでしょう。いずれにせよ、個人的には、共通テストでは得点7割が必須、くらいに頑張ってほしい科目です。

マーク式、記述式によって多少は異なるものの、**数学は、総合的に見て足をすくわれやすい科目**であることは間違いありません。特に、設問数の少ない記述式問題においては、点数が安定しない傾向にあります。

なぜなら、**解法が頭に浮かぶ・浮かばないに点数が大きく左右される**から。模試や過去問演習では合格点を取れていても、いざ本番になると緊張で解法が浮かばず、目標点に届かなかったという受験生は多いです。

さらに、近年では、特に共通テストの難化が顕著です。

旧帝大を目指す進学校の生徒でも、時間ギリギリになったり、時間が足りなかったりするケースが急増しています。そして、これは全科目共通して言えることですが、センター試験から共通テストに変化するに伴い、「思考力を問う」問題が増えました。覚えている解き方をそのまま適用すれば解けるタイプの問題の数が減り、学んだ知識を組み合わせて答えを出す複雑な問題が増えています。

そこで数学の復習の重要ポイントとしては、とにかく**土台を固める**ことです。

量をこなして多彩な問題に触れることも大切ですが、基礎があやふやなまま応用問題をただがむしゃらにやっているだけでは、数学の成績は伸びません。特に「数学が苦手」と感じている人は、多少遠回りになっても、まずは基礎をきちんと理解し、数学の基本的な思考力を身につけることが大切です。

無駄ゼロ復習

数学

数学の苦手意識を克服！解けるレベルの問題を3周する

無駄勉強法

いつまでも数学への苦手意識が消えず、後回しに……

まずは、数学ガチ苦手勢の人たちが取り組むべき克服法3つをご紹介します。

①「苦手」という解釈を事実に直す

第0章でお話ししたことではありますが、ホンマに重要なので何度でも話します。

問題解決のためには、問題を解釈から事実に直し、小さく分解していくこと。

「数学は苦手」と思わせている理由は何か？

テストの点数がいつも平均点を下回っている、2次関数の問題の正答率が低い、基礎問題はできるけど応用になると手が出ない……。

そんな具体的な苦手ポイントをあぶり出し、解決策を模索しましょう。

②解けるレベルの問題を3周解く

苦手ポイントをあぶり出したら、その単元の基礎標準レベルの問題を3周解きます。

数学の問題レベルの第1段階として、「解けないけど、解説を読めば理解できる」というフェーズがあると思います。

ここで「なるほど〜」で終わらすのではなく、繰り返し解くことにより、「自力で何とか解ける」レベルまで引き上げていきます。

これを根気強く繰り返していくと、同じタイプの問題なら「普通に解ける」という第2段階に突入します。

少し時間がかかっても、考えれば解けるというレベルです。

ここからさらに回数を重ねていくと、「問題を見ただけで解法が浮かぶ」という第3段階に辿り着けます。

もはや書くのも時間の無駄、みたいな領域です。

だいたい3周解けば、この領域に達するのではないかと思います。

特に教科書レベルの練習問題や、教科書傍用問題集のA問題などは、第3段階レベルに辿り着くまで繰り返し解くようにしましょう。

③教科書ではなく講義形式の参考書を使う

「そもそも教科書に書いてあることが全然理解できない」という人は、講義形式の参考書を使ってみることをオススメします。

『初めから始める数学』シリーズ（馬場敬之・高杉豊／マセマ出版社）や『やさしい高校数学』シリーズ（きさらぎひろし／学研プラス）は、数学の基礎的な考え方を、初学者にもかなりわかりやすく解説してくれています。やさしめの授業を文字起こししたような参考書です。中学・高校の数学の授業で「置いていかれた」と感じる人は、いっそ教科書を手放し、ぜひこうした講義系参考書をチェックしてみてください。そうでなくても、苦手単元がある人は、そこだけこうした講義系参考書に頼るのも大アリです。

理想は、例題を2周して、全単元の平均正答率が80％以上になるまで到達すること。それが難しければ、例題を1周して、全単元の平均正答率が50％以上になることが最低のクリアラインになります。ですが、数学に苦手意識がある人は、なるべく最低2周はしてください。

取り組んでいく中で、少しでも「あ、自分でも理解できるな」と感じることができたら、「苦手」のレッテルが徐々に剝《は》がれていくでしょう。

数学に苦手意識がある人でも、共通テストの模試で6割以上を取れているようであれば、無理に何周もする必要はありません。そこは時間との兼ね合いで、バランスよく取り組むようにしましょう。

無駄ゼロ復習

数学

網羅系参考書の効率的な進め方。数学〝的〟暗記法を身につける

無駄勉強法

頭から最後までとにかくすべて何回もやる

網羅系参考書とは、1冊で単元全体を勉強できる参考書のこと。『青チャート』や『Focus Gold』（啓林館）などがこれにあたり、すでに使っている人も多いでしょう。**網羅系参考書は、最低でも2～3周する必要がありますが、間違えたやり方で進めると全く効果がありません。**

そこでここでは、網羅系参考書の正しい取り組み方について解説します。

例えば、『青チャート』を使うなら、進め方はこのような感じが理想です。

①例題を見て、自力で考えて解く。
②3分考えて何の解法も浮かばなければ、各例題の下についている【指針】をひと通り読んで、解答の導き方を理解する。このとき、【指針】の意味がわからない場合は、前項で紹介した講義形式の参考書で意味を確認したり、先生に質問するなどして必ず理解すること。
③実際にその【指針】に合わせて例題を解き進め、答え合わせを行う。
④苦手な単元や【指針】の理解に苦しんだ単元・問題は、練習問題を解く。
⑤この方法で2~3周取り組む。ただし、3周目ともなると解法が十分定着している問題も出てくるので、それはスキップしていい。

1周目を解いた後は自分の理解度に応じて、問題に5段階評価をつけておきましょう。

・何も見ずに素早く正確に解答できた……☆
・何も見ずに時間をかけて（標準時間以上）解答できた……○
・【指針】を読んで解答できた……△

・【指針】を読んだが解答できなかった……✓（ミスした場合は計算ミス、理解ミスなど、解答できなかった理由を記入し、理解できたら✓、ムリだったら×をつけ直す）
・指針も解答も意味がわからなかった……×

☆印は次回以降スキップしてOK。○印は、次はすぐに解法が思い浮かぶかどうかの確認を行い、すぐに思い浮かべば☆につけ直して大丈夫です。もし思い浮かばなければ、再度問題を解いてマークをつけ直しましょう。△以下は再度解く必要があります。

そして、ここで一番大切なことをお話しします。例題および練習問題を解くときに大切なのは、解答の導き方と解法を理解し、それを反復して解き、「もうその解き方は覚えている」という状態をつくり出すことです。

数学は暗記なのか？　暗記じゃないのか？　とよく議論になりますが、結論を伝えるとどちらも正解です。ただし数学の暗記は英語や社会で行うような1：1対応の暗記ではなく、解法を覚えている状態にする、という意味での暗記です。つまり、数学〝的〟暗記というのは「**解法を理解し、何度も解くことで脳が自然と解法を覚えていく**」ことを指します。

「そういう発想で解くのか」「この問題はこういう計算の工夫が必要なんだな」という経験をたくさんしたうえで、その問題を反復して解く。イメージは自転車の練習です。最初はハンドル・ペダル・バランス感覚すべてに意識を注いで、何とか倒れないようにしながら前に進みますが、何度も練習を重ねて慣れてくると、友達としゃべりながら、景色を楽しみながらなど、他のことに意識を向けながら運転することができるようになります。

このような、「身体が自然と乗り方を覚えている」状態が数学〝的〟暗記のイメージです。だから網羅系参考書は、入試数学の基礎的な解法を「自然と覚えている」状態にし、それを入試レベルの問題を解くときに使いこなせるようにするために使ってくださいね。

時間が足りないときの対処法4選

無駄勉強法

すべての問題に目を通さず、順番通りに解く

先ほどお伝えした通り、センター試験から共通テストになって、数学も格段に難易度が上がりました。問題の文章が多くなったり、計算がややこしくなったりして、制限時間内に問題を解くことができない受験生が増えています。そこでここでは、数学のテストで、制限時間内にマックスの力を発揮できるコツを紹介します。

まず、大前提のお話。問題に取りかかる前に、この2つは必ずやってください。

・各大問に何分使うか決める
・すべての問題に目を通し、難問をピックアップする

各大問の時間配分を決める。すでにやっている人も多いかもしれませんが、これ、必ずやってください。おおよその目安をお伝えします。

まず数学1A。試験時間は70分なので、大問1と2は、それぞれ22〜23分で解くこと。合計約45分なので、残りの25分で選択問題の2つを解きます。よって、数学1Aに関しては、選択問題1問に11〜12分かけるイメージです。

数学2Bは、試験時間が60分なので、大問1と2はそれぞれ17〜18分かけましょう。すると合計が35分くらいになるので、選択問題1問は11〜12分かけて解きます。

おそらく、大問1・2にかかる時間が、数分オーバーしてしまう人が多いと思います。なので、その数分をいかに減らしていけるかが重要になります。ただし、人によって得意分野と苦手分野があるので、「確率は得意だから時間を短めに設定しよう」といった調整は各自してみ

てください。とにかく重要なのは、自分に合った時間設定を決め、その時間を目安に問題を進めることです。

もう1つ、最初に全部の問題に目を通して、難易度が高い問題をピックアップする。よくあるのが、大問1と2を頑張って解いたけど、かなり時間がかかってしまった。大問3まで何とか辿り着けたけど、実は大問4のほうが簡単で、そっちを先に解けばよかった……というパターン。

これは絶対に避けなければいけません。

問題を配られたら、必ず最初の1〜2分をかけて、全体に目を通すこと。「大問2が結構長いな」「時間なくなったら最後の問題は飛ばそう」のように、問題の進め方をイメージトレーニングしておくことは、基本中の基本ですので必ずやってください。

その難易度は、どこを見て判断すればいいか。主に共通テストでは、パッと見で文章量が多くて読解しづらい問題が結構あるので、こうした問題は読むのに時間がかかるという意味でも難問認定してしまってOKです。

以上が、数学のテストを効率よく進めるうえでの大前提のお話。ここからは、さらに時間を縮めるための4つのポイントについて解説します。

1 各大問（中問）の最後の問題は飛ばす

もちろん、最初に決めた大問ごとの配分時間内で解けるのなら解いていいのですが、もしも制限時間をオーバーしそうという不安があるときには、シビアに飛ばしてしまいましょう。途中まで解いていても、決めた時間を過ぎるようであれば、そこで潔く飛ばします。1つの問題に固執《こしつ》してしまった結果、最後まで問題を解くことができず、解けなかった問題の中に簡単な問題があった……ということは往々にして起こるためです。

問題を飛ばすのって、結構勇気がいるんです。でも、「飛ばす」という選択肢を常に持っておくことはとても重要です。

2 余白の使い方にマイルールをつくる

共通テストは余白の使い方が大切。問題用紙の余白部分に自分の計算式も書かないといけないので、うまく整理しないと、「どの式だったたっけ？」とまとまりがつかなくなってしまいます。

そこで実践してほしいのが、余白の使い方にマイルールを設けること。例えば、「xは正の整数である」という条件を、見やすいように四角で囲って書き直す。自分が暗算したところ、計算式を書かずに飛ばしたところは△の記号をつけておく。「○○の条件を満たす数の個数を求めよ」「さらにその総和を求めよ」のように、求めるべきものが2つ以上あるときは☆マークをつける、などなど。自分なりのルールをつくって、よりクリアな状態で問題に取り組めるような余白づくりを心がけてみてください。どの設問の計算式なのかをメモしておくのもいいですね。

3　図やグラフは正確に描く

「図やグラフは丁寧に描け」とはよく言われることですが、「丁寧に」というよりは、数値通りに正確に描くことが大切です。例えば、「X座標が2、Y座標が5」を図形にするなら長方形の形になります

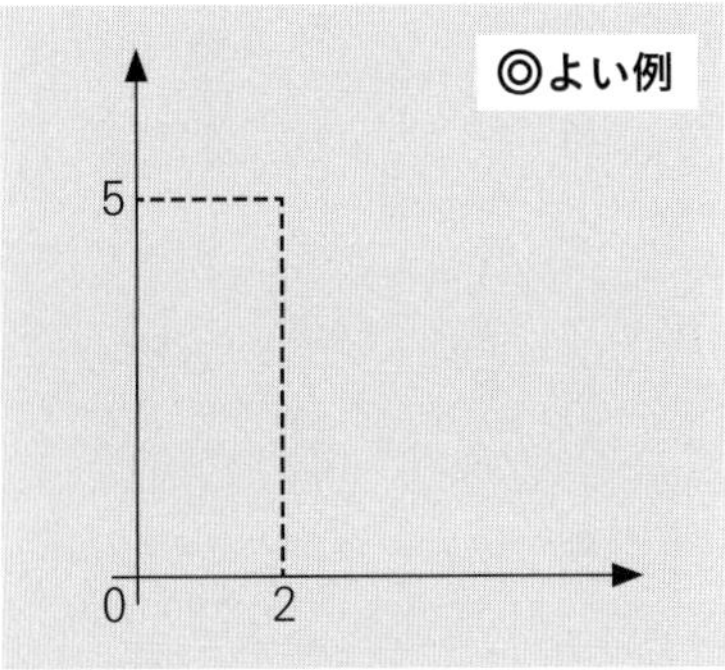

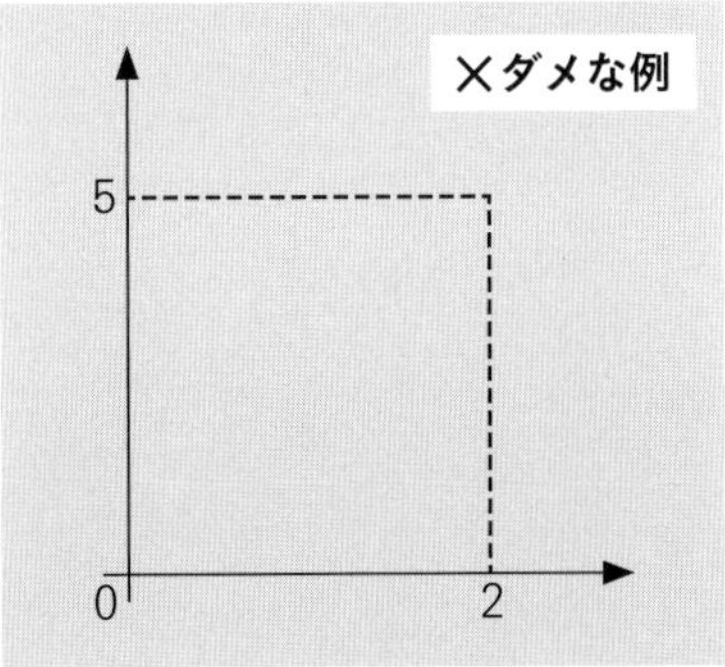

が、雑に描いて正方形の形になったりすると、思いのほかそのイメージに引っ張られてしまい、誤答を招くもととなります。

自分が使っている参考書に載っている図やグラフを見て、「どのように描けばわかりやすいか？」の参考にしてみてもいいでしょう。

4 最重要項。公式の暗記の精度を上げる

ここまでのポイントすべてをすでに実践していて、それでも制限時間内にテストが解き終わらないという人は、公式の暗記の精度を見直す必要があります。そしてこれは、数学における最重要課題と言ってもいいでしょう。

例えば「加法定理」と言われたときに、「えーっと、加法定理は……」と考えて、解法を導き出すのに1分かかる人と、加法定理がスッと出てくる人では、それだけで時間の差がついてしまいます。どんなテストであっても、数学では、使う公式を素早く見つけられるかどうかが勝負の分かれ道。目標は1秒です。「はやっ！」と思うかもしれませんが、問題を見て、使う公式が瞬時に思い浮かぶのが理想です。

無駄ゼロ復習

数学

ケアレスミスを侮らない。個別対策を練る

無駄勉強法

「気をつけよう」で終わって具体的なアクションをとらない

数学で実は一番辛いのが、ケアレスミスではないでしょうか。たかが計算ミス……というわけにはいきません。1つのミスで点数が足りず、合格できないということもあるのです。そもそも、「ケアレスミス」という言葉自体がよくないと僕は思っています。「careless（不注意の）」ミスと思うから、「本質的な間違いではないな」と甘く見てしまうのです。不注意が原因であれば、どう直していきますか？　「次は気をつけます」「意識します」……これでは何も変わり

ません。具体的な対策を練り、実践することが必要です。**その対策とは、自分の問題の解き方のどこにミスを誘発させる原因があったのかを分析することです**。よくある例を挙げます。

■**急いで数字を書くとき、自分の癖で書いた数字を違う数字と見間違えてしまう**

↓6と0などは特に見間違いが起こりやすい。6は上から書く、○の部分を小さく書く。0は下から書く、など、書き方を変えることで解決。

■**分数の約分のとき、約分して消したはずの数字を頭の中では消さずに計算してしまった**

↓約分した箇所を／で消さず、塗りつぶす。完全に見えなくすることで解決。

■**暗算を間違えた**

↓2桁どうしの掛け算以上は暗算をやめるなどのルールをつくる。もしくは見直しの際に必ず計算して確認ができるよう、問題に暗算した印をつけておく。

■**問題を読み違えて、違う答えを求めていた**

↓求めるものには○をつける。

……など、大切なのは、ケアレスミスを課題の1つとして捉え、解決策に取り組むこと。ケアレスミスを侮《あなど》ると、痛い目にあいます！

無駄ゼロ復習

国語

点数が安定しない現代文をどう攻略する？

「国語は得意ですか？」と聞かれたときに、「得意です！」とハッキリ答えられる人は少ないと思います。なぜなら**国語、特に現代文は、点数が安定しない科目**だから。

とりわけマーク式の問題は、「最後の2択までは絞れたのに！」という微差の2択を外して点を取れなかった、ということも往々にして起こります。一方で、共通テストの現代文では、1問で7点になるものもあり、1問のミスが得点に大きく影響してきます。

当然のことながら、現代文では読解力も求められます。読解力は一朝《いっちょう》一夕《いっせき》には身につかず、これまでどれだけ本を読んできたか、どれだけ難しい文章に触れてきたかといった経験値がモノを言うでしょう。でも、「だから現代文は苦手やねん！」と思うのはまだ早いです。**読書が苦手な人でも、現代文の読解力は、ルールを覚えれば飛躍的に向上**します。

復習という点で言うと、漢字、現代文の用語や古文の文法、漢文の句法といった知識・暗記系については、英語の暗記学習と同じやり方で勉強するのがいいでしょう。難しいのは、現代文の記述系（マーク式問題の復習法についてはP156の「マーク式を感覚で選ばない。ルールを覚えてロジカルに解く」を参照）。採点基準を見ても自分がどこでミスをしたかを特定しづらいんですよね。だからといって、正解を見て「ふ〜ん」で終わらせるのは絶対にやめてください。模試や定期テストが返ってきたとき、あるいは参考書の答え合わせをするときは、**どの要素でどのくらい加点・減点されたかを明らかにする**必要があります。

自分だけではわからないなら、先生に直接聞きに行ってでも、ミスの原因をクリアにする。そして、原因追求にとどまらず、読み方や解き方を次から変えてみる。この丁寧さが、現代文攻略のカギになります。現代文で伸び悩む受験生には、参考書を読んで読解法を学んだり、解説を読んで答えの該当箇所を学んだりはしていても、行動を変えていないことが往々にしてあります。**「問題特定」をしただけで「解決策の実践」まで行っていない**んです。それで点数が伸びるはずがありませんよね。現代文については、事項から詳しくコツをご紹介していきますので、キミなりの読み方・解き方を見つけるヒントにしてみてください。

無駄ゼロ復習
国語

抽象↕具体などの対比構造や接続詞をチェック！

無駄勉強法

問題文を読んでも「結局何が言いたいの？」となって止まる

難関大の入試に出てくる現代文は、論文などの難しい文章も多く、「内容が頭に入ってこない……」と感じる人もいるでしょう。でも考えてみてください。**入試科目の中で、現代文は唯一、問題文の中に答えが書いてある科目**です。「答えが書いてある」と言ってももちろん、そのままの言葉で書かれているわけではありませんよ。ですが、文章をきちんと理解する――このハードルさえクリアすれば、必ず正解に辿り着けるお得な科目と言えます。

文章を理解するということは、「著者が読者に伝えたいメッセージは何か？」を理解することに他なりません。そのメッセージは多くの場合、**特定の構造や接続詞を伴っています**。つまり、文章中でそうした構造や接続詞が出てきたら、「あ、ここは重要な部分だな」ということに気づくことができるんです。そこでここでは、文章中で着目すべき4つのポイントを紹介します。

①抽象⇅具体を考える

ざっくり説明すると、「抽象」とは大きく括《くく》ったことやモノ。「具体」は細かく括ったことやモノのこと。例えば「身体を動かすこと」が抽象だとしたら、「野球やサッカー」は具体です。**文章中で抽象⇅具体の関係になっている部分が出てきたら、文章の要《かなめ》である可能性が高い**と覚えておきましょう。

例えば、問題文の中にこんな文があったとします。

「現代の日本の生活において、身体を動かすことは非常に大切である」

この後に続く文章では、なぜ身体を動かすことが大切なのか、その理由が必ず述べられるでしょう。その際に、主張をよりわかりやすくするため、「散歩やランニング」といった具体例が入るはずです。

このことから、抽象⇅具体で文章が書かれている部分は、筆者にとって、読者によりわかりやすく伝えたい部分であることがわかります。必然的に、本文の重要な主張部分である可能性が高く、設問で問われやすいポイントでもあるため、注意して読むことが大切です。

②対比構造に注目する

対比とは、ある2つのものを比較すること。現代文では、この対比構造を用いた問題文が多く出題されます。文章中で対比構造が出てきたら、これもまた、筆者が強調したい部分である可能性が高いです。例えば、日本の文化を論ずるのに欧米の文化の話をしたり、現代について話すのに過去の事例を紹介したり。ここで注意したいのは、**筆者はあくまで日本の文化や現代について論じているのであって、欧米の文化や過去の話は、主張を明確にするために持ち出されたにすぎない**ということです。

対比構造もまた、設問で問われやすい部分です。例えば、「筆者は～のように主張しているが、何を用いてより根拠の論理性を説明しているか、本文中の表現を用いて答えなさい」という根拠の説明や主張の強調に関する問題が出されたときは、解答の選択肢に「対比」の可能性はないか、疑ってみてください。

③並列・添加の接続詞（接続語）に着目する

並列・添加の接続詞とは、1つの主張に対して内容をさらに追加するときに用いられるもの。「および」「ならびに」「それから」「しかも」「そのうえ」といった接続詞がこれにあたります。「しかも」「そのうえ」の前に記述されている主張は、筆者が一番伝えたいメッセージであることが多いので、まず接続詞に着目して、その前後の内容に注意を払う必要があります。

④結論の接続詞（接続語）に着目する

結論の接続詞とは、「つまり」「すなわち」「結局」「ゆえに」「したがって」「以上のことから」など、主張の最後に使われるもの。言うまでもなく、解答のポイントになることが多いです。特に文章の要約を問う問題では、結論の接続詞に続く内容が大きなヒントになるでしょう。ただし、これはあくまで、文章中で筆者の主張が見つからなかったときの最終確認用。要約以外の問題ではあまり焦点になることはないので、注意しましょう。

無駄ゼロ復習

国語

文章に共感しすぎると危険！現代文は〝鷹の目〟で読む

無駄勉強法

文章に没入することで理解しようとする

現代文は内容をきちんと理解することが最重要ですが、逆に、文章に入り込みすぎてしまうのも考えものです。例えば、問題文が小説で、必要以上に感情移入してしまったり、評論でも「わかる、わかる！」と自分の主張が無意識に出てきてしまったり。そうなると、知らず知らずのうちに問題の趣旨を読み違えてしまい、いざ設問の選択肢を見たときに、「あれ、自分の考えと全然違う選択肢しかないな……」ということが起こってしまいます。

現代文は、〝**鷹の目**〟で読むことが大切です。

飛んでいる鷹は、空からの高い視野で、物事の全体像を捉えることができます。同じように現代文も、客観的な目線で考えることが重要。前項で紹介した「４つのポイント」も、客観的に読むことで発見できるヒントですよね。

鷹の目で読むための具体的なやり方としては、例えば、段落ごとに要約をまとめること。「第１段落→導入・テーマ」「第２段落→具体例」「第３段落→一般的な意見」「第４段落→筆者の意見」といった感じで、一言でいいから、その段落が何を意味しているかをメモっておくのはアリです。あるいは、具体⇅抽象や対比構造の部分に印をつけておく。こうした作業をすることで、文章に引っ張られすぎずに、客観的な目線で文章の構造を理解することができます。

特に小説のようにわかりやすい文章ほど、共感して距離感を間違え、「理解したつもりになっている」という状態に陥りやすいので注意が必要。

現代文は、常に鷹の目で読むこと。これを忘れないようにしてください。

無駄ゼロ復習
国語

マーク式を感覚で選ばない。ルールを覚えてロジカルに解く

無駄勉強法

マーク式の最後の2択でいつも迷う、そして間違える……

現代文の点数にムラがある原因の1つに、**マーク式の問題を解くのに、感覚に頼って何となく答えてしまう**ということが挙げられます。

「本文に似たような内容があったから」

「2択まで絞って、最後は正しそうなほうを選んだ」

現代文において、こういう解答の仕方はNG。「似たような」「正しそうな」というのがまさ

に、感覚的な思考です。最後まで残った微差の2択を「何となく」の感覚で選んでしまうのは、極めてリスクが高い行為。繰り返しますが、現代文の正解は必ず文章中にあります。根拠となる部分を文章中からかき集め、ロジカルな思考で解くことが大切です。

ここで質問です。**マーク式の選択肢を見る前に、自分の頭の中に答えを用意していますか？**

していないという人は、ぜひ、用意する習慣をつけてください。記述式の解答のように文章で用意するのではなく、答えの要素となる部分をまとめておくだけでOKです。例を挙げましょう。

問題文が小説で、「A君が泣いている理由は何ですか」という設問があったとします。ここですぐ選択肢を見ると、「確かに、こういう気持ちで泣いていたのかも」と、その内容に惑わされてしまいます。そこで選択肢を見る前に、理由となるいくつかの要素をまとめてみます。頭の中でまとめても、書いてもOKです。

1　家族との仲が悪くて家出を決意した
2　途中で今後の生活を考えて家出を断念した
3　帰り道の途中で道に迷って、家族に一生会えないと思った

4　家に帰り着くことができて安心した

仮に「泣いている理由」に関連する要素として、この4つを抽出したとしましょう。これらの要素が書いてある選択肢が正解だな、という気持ちで見ると、「この選択肢には、1と2の要素は書いてあるけど3と4は書いてないな」「1から4まで全部書いてあるけど、結論的には逆のことを言っているな」といったように、要素の過不足はないかという基準で選択肢を選ぶことができます。

仮に、考えた要素がすべての選択肢にない場合はどうするか。そのときは読解力不足が疑われるので、前項で紹介した4つのポイントを活用しながら、もう一度本文を読み直しましょう。「鷹の目」で読むことを忘れずに！

一方で、解答のポイントとなる要素をまとめても、間違えることもあるでしょう。特にマーク式は、最後の2択で迷い、選択ミスをする人も多いと思います。そこで、**演習の答え合わせの際には、間違えた選択肢のパターンを分析することをオススメ**します。具体的には、「3の要素が抜けていた」「2の要素が自分が思っていたものと正答が真逆だった」などと、最初に挙げた要素ごとに分析すること。最初の要素分けがしっかりできていれば、曖昧な分析で終わることはほとんどなくなるはずです。こうした作業を積み重ねながら、自分が選んでしまいがちな間違いの選択肢のパターンを把握しましょう。

参考までに、間違いの選択肢のパターンを例に挙げておきます。

1 本文に書いていない
2 原因と結果が逆になっている
3 本文中の言葉を使っているが、主旨が異なる
4 本文中の主旨と正しいが、正答の選択肢と比べて要素が足りない
5 表現がオーバー

1と2は比較的簡単にクリアできますが、3と4は上級者でも間違えやすいところ。特に4は、内容としては間違っていなくても、すべての要素を網羅しておらず、設問内容と微妙にズレているパターンが多いです。5は、「絶対に」「例外なく」などの言葉を使い、本文の内容を大げさに表現しているなどが挙げられます。

この他にも、間違いのパターンはさまざまに存在します。復習を重ねていくことで、選択肢の傾向と自分が間違えやすいパターンを探っていきましょう。

無駄ゼロ復習

社会

暗記だけでは攻略不可！ストーリーでまとめる

歴史は暗記を頑張れば点数が安定する。
地理は歴史に比べて覚える用語が少ないからラク。
これ、結構危険な考えかもしれません。

事実として、社会は知識を知らなければ始まらない科目であり、覚えるべき用語もたくさんあります。

それこそ英単語や古文用語のように、暗記系の参考書で用語を機械的にインプットしなければいけない場面もあるでしょう。

ところが、**特に歴史や地理の近年の試験においては、ただ暗記をしただけでは点数を取りにくくなっている傾向**があります。

2021年から始まった共通テストの日本史では、それまで頻出していた単語を知っていれば解ける問題よりも、資料（史料）の読み取りを行わせる問題が格段に増えました。

具体的に言うと、2020年のセンター試験では、資料（史料）の読み取り問題は7問でしたが、2021年の共通テストでは16問に増えています。また、6問あった単語問題が1問に減りました。つまり、暗記力よりも、論理的思考力を問われる問題が増えたということです。

具体的には、歴史なら、「本能寺の変」という言葉を知っているだけではダメ。なぜその事件が起きたのか、それが起きたことによって時代がどのように変化したか。難関大になればなるほど、**歴史を言葉ではなくストーリーで把握していないと解けない**問題が多数出題されます。

世界史はさらに、文字通り世界の歴史であるために、年代と地域という「縦と横」の意識も必要になります。日本史は時代ごとに考えればいいとしても、世界史では、同じ時代の別の国・地域では何が起きていたのか？　関連する部分はないか？　にも注目する必要があるということです。

世界史も日本史も、本質的には「自分の言葉でまとめる」ことで、単なる知識の暗記から、「つながったストーリーの理解」に昇華させることができ、問題を解く力が養われます。

第2章の「無駄ゼロ暗記」の中で、白い紙に書き出すという方法を紹介しました。この方法は日本史にも世界史にも効果抜群ですので、ぜひ実践してみてください。書き出す際には、出来事や人物、政策などを年代ごとにまとめられると定着度が向上します。

地理においては、ストーリーの重要性はもっと顕著です。ただ地域ごとの特性を点で覚えても、その点と点をつなぎ合わせて深く考察する力がなければ、問題は解けません。

例えば、ある地域の農産物を問われたときに、それを知らなくても、周囲の地形や気候から推測するなどの応用力が求められるということです。

まとめると、**社会全般の復習の大きなポイントは、歴史なら流れ全体をストーリーとして理解すること。地理なら、さまざまな知識に関連性を持たせて、立体的にインプットしていくことが重要になります。**

用語だけを覚えるのではなく、「江戸時代ってなんであんなに長く続いたの？」「アジアでは米、欧米では小麦の生産量が多いのはなぜ？」という問いの理由と背景を説明できるようになることが、社会の本質的な実力アップへの近道だと言えます。

「理解の時間」と「暗記の時間」を設け、それぞれに集中

無駄勉強法

日本史は暗記にひたすら特化する

繰り返しになりますが、歴史はその流れを把握し、理解することが大前提。ここでは、具体的な対策のポイントを2つ紹介します。

■日本史ムリ勢は、マンガか10時間本から入る

根っからの理系の人や、「日本史がホンマにムリ」という日本史アレルギーの人は、日本史

のマンガや10時間本（『中高6年間の日本史が10時間でざっと学べる』石川晶康／KADOKAWA）と呼ばれる参考書を読んで、大まかな日本史の流れをつかみましょう。「今さらマンガでいいの？」と不安に思う人もいるかもしれませんが、歴史はまず、興味を持つことが何よりの近道です。詳細や詳しい単語は覚えなくても、マンガや10時間本で知識の土台をつくることで、後からのインプットがだいぶラクになります。

■ある程度知識をつけたら、「理解」の時間と「暗記」の時間をつくる

マンガだけでインプットを網羅するのは当然ムリなので、歴史の流れをある程度把握したら、参考書を活用して本格的な暗記学習に入ります。と同時に、「理解」の時間も必ずつくるようにしましょう。「理解」のゴールは、その時代の大まかな流れを人に説明できることです。第2章でも紹介したような、白紙に出来事や人名を順序立てて書く勉強法が最も効果的です。一方で、暗記学習も疎かにしないこと。日本史は社会の中でも覚えるべき用語数が圧倒的に多いので、暗記のみの時間を必ず設けましょう。大切なのは、**今日は「理解」の時間にするのか「暗記」の時間にするのかを明確にして、それぞれ集中して行う**ことです。ただ漫然と日本史の勉強をするより、学習効率は格段に上がるはずです。

無駄ゼロ復習
社会

地理は「暗記＋分析能力」を鍛えよ！

無駄勉強法

地理は暗記がラクだから直前で詰め込む

受験範囲で出てくる語数は、日本史が約6600語、世界史は約5600語なのに対し、地理は約3400語。「覚える内容が少なくてラクやん！」という理由で地理を選択しているとしたら、「あれ、暗記は完璧なのに、点数が取れへん……」という壁にぶち当たる人も多いはずです。

地理は暗記がラクだから、点数を取りやすい。この考えは罠《わな》です。確かに覚える語数は少ないですが、その分、**地理は論理的思考や分析力が強く求められる教科。**

複数の知識を組み合わせ、なおかつ、さまざまな背景知識を考察しないと解けない問題が多く出題されます。「暗記は完璧」という人は、知識という武器を手に入れても、使い方がわからない状態で問題に挑んでいるようなものなのです。

実際に、2018年のセンター試験では、「ムーミンの出身地はどこか？」という問題が出題されたことがありました。ムーミン好き歓喜のラッキー問題……ではなく、ムーミンについて詳しくなくても、地理的な考察から答えを導き出すことが求められたわけです。出題された問題には画像が掲載されており、注目すると、低平な地形で森林と湖沼が広がっている景色が確認されます。ムーミンそのものに詳しくなくても、こうした景色の特徴から、「フィンランド」という選択肢を選ぶことができたんですね。

つまり、地理は暗記プラス分析力が問われる科目。そこを鍛えるための復習法を5ステップで紹介します。

①参考書を読んで基礎知識を暗記する

最初はとりあえず、基礎知識のインプットから。参考書を読んで、地理の全範囲の暗記項目を覚えましょう。ただし、完璧に覚える必要はありません。目安として参考書を2～3周したら、次のステップへ。

②ひたすら問題演習を解きまくる。間違えてもいいから解きまくる

ここで問題演習を解いてほしいのですが、おそらく大半は解けないでしょう。なぜなら先ほど述べたように、地理は暗記だけでは攻略できないから。それでもひたすら問題を解くことによって、知識の組み合わせと考察のパターンをしっかりと身につけていく必要があります。知識の組み合わせとは、例えばこんなこと。

「バングラデシュにはイスラム教徒が多い＝豚肉や酒類の消費量が少ない」
「米は高温多雨の環境下で育つ＝アジア圏で生産され、消費される＝輸出量は小麦に比べると少なめ」

このように、**1つの事実から派生させて、さまざまな知識を同時に覚える**ようにしましょう。点の知識を線でつなげることで、より理解力が深まり、記憶も定着します。

③重要な情報を再度インプット

問題演習を通して得た知識をまとめ、再びインプットする作業に入ります。

英単語に頻出単語があるように、地理の問題にも問われやすい知識や事実があります。それは、**一般常識とは異なる事実や想定外の事実、突出したデータ**などです。例えば、「トルコはヨーロッパに近いがイスラム教徒が多く、なかなかEU（欧州連合）に入れない」「チリは南アメリカ大陸だが、南部に地中海性気候がある」など。これらをもう一度おさらいして、自分の中の知識のストックを強化していきましょう。

・生産量（農作物、工業資源）・輸出量（農作物、工業資源）
・宗教 ・気候区分（雨温図など） ・地形

特にこの5つは重要ポイント。それぞれの突出した国やデータは必ず押さえておく必要があります。

では、具体的にはどうやって知識を定着させればいいのか？ それが次のステップです。

④白地図を使って情報を整理

地理で最も有効だとされている勉強法。それは、白地図を埋めるというやり方です。

まずは、全世界地図、ヨーロッパやアジアといった地域別の地図、より細かい国別の地図、

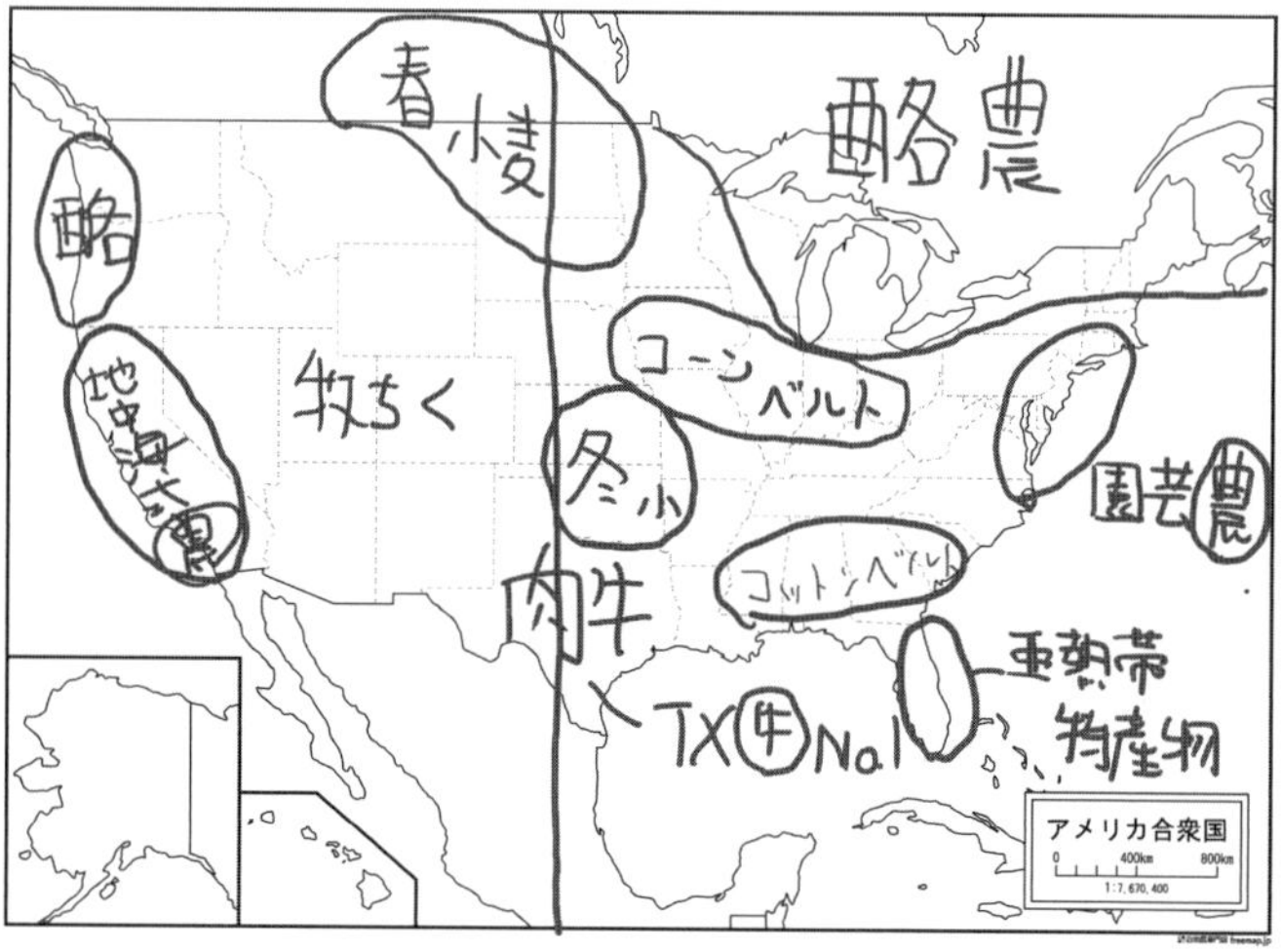

アメリカ合衆国の主要農産物のまとめ例

日本国内の地図の４つの白地図を用意しましょう。そしてこれらに、「気候区分」「主要生産物」「宗教」「地形」の４つの特色を中心に書き込んでいきます。

他にも「農作物の限界緯度」や偏西風などの「風向き」も加えたいところですが、あまり書き込みすぎるとゴチャゴチャしてまとまりがなくなるので、まずは先ほどの４つの特色を中心にまとめる形でＯＫです。

ここから先は、②〜④をひたすら繰り返すこと。問題演習をし、必要な情報をかき集め、白地図に書き込み、また問題演習を行う。ある程度力がついてきたと感じられたら、記述問題に挑戦してみてもいいでしょう。マーク式問題だけでなく記述問題では、より細かい知識や深い考察が求められます。共通テストでしか地理を使わない人も、より完成度を高めるのにうってつけの演習問題となるでしょう。

ここまで網羅すれば、キミは完璧な地理マスターです。

無駄ゼロ復習

理科

理科の基本は、「事象」について考察すること

理科の復習法として大事なことは、公式をはじめとした基礎知識を押さえた後に、基本問題の解き方をしっかり頭に入れ、それから初見の応用問題を解くことです。

数学と理科の、一番の違いは何だと思いますか？

数学はすべて、理論のみで成り立っています。計算をする。証明をする。確率を求める。理論上の問題ですから、その性質は極めて多岐にわたります。それに対し、理科の主に物理、化学、生物では、「何かが起こりました（起こしました）。ここから何がわかりますか？」といったような、具体的な事象が問題となっています。シンプルに言うと、出来事を解明する科目なのです。

実際に起こりえる事象を説明する公式は限られていますから、理科は、問題をたくさん解い

ていくにつれて、「あ、これどこかでやったな」となることが多いのも特徴です。問題を紐解《ひもと》けば必ず、教科書に載っている知識や公式で答えを出すことができる科目なのです。

つまり、理科で大事なのは「多くの種類の問題に触れること」と「問題の紐解き方を学ぶこと」。**間違えた問題そのものを再度解けるようにするのではなく、自分がつまずいたところの正しいアプローチ方法をピンポイントで押さえることが大切**になります。

理科の近年の傾向は、他の科目と同様に、知識を問う問題から思考力を問う問題にシフトしている点が挙げられます。

化学については、理系なら必須となることが多い科目であるため、履修者が多いのが特徴です。理論化学・無機化学・有機化学の大きく3つの分野に分類され、それぞれ勉強法は異なっているものの、根本となる理論化学の理解がほかの2分野にも影響するため、まずは「理論化学」を押さえておくべきでしょう。

生物は、理科の中で最も暗記量が多い科目です。ただし、繰り返しになりますが、暗記さえできれば解ける問題は減少傾向にあるため、実験考察問題をはじめとして、論理的思考力を養う必要があります。

無駄ゼロ復習
理科

物理は特に、問題を解く前に「何が起きているのか?」をイメージ

無駄勉強法

いきなり公式を使おうとする

勉強は何においても、まずは基礎が大切。物理ももちろん同様ですが、「その基礎が意味わからんのやけど!」という人、多いと思います。なぜなら物理では目に見えないエネルギーや現象も扱うから。あげく、耳慣れない単位や文字のオンパレードに、最初から参考書にかじりつくことばかりに集中すると、ますます苦手意識が高まってしまいます。

物理でまず大切なことは、事象のイメージをつかむことです。ボールが斜面を転がっていた

り、紐で荷物を引っ張っていたり、物理の問題では必ず何かしらの事象が起きています。その問題を解くときにいきなり公式を立てようとするのではなく、「ボールが坂道を転がっているんだな。たぶん、どんどん速度は上がっていくな」という想像をしてみるのです。

うまく想像できない場合は、そのイメージを実際に図に描いてみること。問題に図が載っている場合もありますが、小さくて見えづらいこともあります。そのため、問題をひと通り読んだら、まず自分でわかりやすい図を描くことを習慣化させてください。このとき注意したいのが、**なるべく大きく、わかりやすく、丁寧に描くこと**。1カ月後の自分が見ても理解できるよう、明瞭な図を描いてください。

もう1つオススメしたいのが、イメージ重視の参考書を読むことです。『橋元の物理基礎をはじめからていねいに』（橋元淳一郎／ナガセ）、『物理基礎・物理が面白いほどわかる本』（漆原晃／KADOKAWA）などの参考書は、イメージをふくらませられるような解説に特化しています。特に、電磁気や熱力学といった、比較的イメージがつかみづらい分野の勉強にはオススメです。

無駄ゼロ復習

理科

物理は単位が重要！ 文章すべてに単位・文字を書き込むべし

無駄勉強法

単位や公式をただ丸暗記する

「物理が嫌い」という人に共通して言えること。それは、「単位・文字・公式を理解せず、すべて丸暗記している」ということです。試しに質問。「1J（ジュール）」の定義と組立単位は何かわかりますか？ まず定義は、「1ニュートンの力がその力の方向に物体を1メートル動かすときの仕事」。組立単位は「N・m」と表します（「$kg \cdot m^2 \cdot s^{-2}$」とも表す）。これ、正確に答えられる人は、意外と少ないのではないでしょうか。単位や公式をただ覚えるだけでは問題は解けません。本来その公式を使うべき問題で、正しい公式を選び、うまく使うことができないからです。単位や公式の理解度にイマイチ自信がない人は、次のことを徹底してください。

①文字の後ろに単位を書く（例：加速度a（m/s²）と表記する）

単位そのものを頭に叩き込むために、１つひとつの文字の単位を毎回書くようにしましょう。「めんどくさ！」となりますが、単位の理解に極めて有効なので、ぜひ実践を。

②図にも単位・文字を入れる（図解をしながら勉強する）

物理は特にイメージが大切。エネルギーや力がどの方向に作用しているか、どういった関係性になっているかを把握するために、図解とともに勉強を進めていく必要があります。力やエネルギーを矢印やわかりやすい形で表記して、そこに毎回、単位も入れながら進めてください。

③大事な単位・文字には目印をつける（特に問題で求められているものに目印をつける）

文字や単位がたくさんあるときは整理しづらくなります。今解いている問題は何を求めているのか？　これを常に考えながら、大事な単位にはメモをしておきましょう。

これをクセづけておくと、単位や公式の理解が深まり、さらに物理特有のケアレスミスを減らせるというメリットもあります。

第4章

やる気に頼らない「無駄ゼロ継続」

受験勉強に「やる気」と「モチベーション」はいりません。
必要なのは、むしろそれらに左右されない
フラットなメンタルです。
「またサボってしまった」「勉強に集中できない……」
と自分を責めることなかれ。
改善すべきはキミ自身ではなく、
キミをとりまく環境です。

無駄ゼロ継続

「やる気」と「モチベーション」を今すぐ捨てよう

「やらなきゃいけないのはわかっているけど、集中力が続かない……」
「また復習をサボってしまった！　自分は勉強に向いてない」
……そんなふうに思ってしまっている受験生、多いと思います。

でも、勘違いしないでください。

勉強のやる気が出ない＝勉強ができない、ではありません。勉強ができないのはやる気のせいじゃないんです。

そもそもの大きな誤解を解いておきます。

勉強に「やる気」や「モチベーション」は必要ないんです。

そもそもどんな人にも気持ちのムラはあります。進学校の生徒にだって、東大模試でA判定を取る生徒にだってあります。やる気の出る日・出ない日、絶対にあります。ですが、一流の受験生は、それらを勉強に紐づけません。理由は2つあります。

1つ目は、勉強が習慣化されて、当たり前のものになっているから。

毎日の食事や歯磨きと同じ位置づけで「勉強」が存在するので、いちいち「やろう！」と思うことなく、歯磨きをするような気持ちで淡々と取り組んでいます。

一方で、勉強が習慣化されていない受験生は、机に向かうのにマックスのやる気が必要だと思い込んでいます。勉強は「特別なこと」と思い込み、本当は10のエネルギーで取り組めるところを100のエネルギーで取り組もうとするので、しんどくなって挫折してしまう人も多いです。

そして2つ目は、やる気の出ない自分を受け入れて、「そんな日にいつも通り勉強するにはどうすればいいか？」を考えて実行しているから。「やる気が出ないからやる気を出します」のような、何も変化を生まない解決策ではいけません。やる気が出ないなら出ないで、「どんな工夫をすることで〝いつも通り〟に持っていくのか？」を考えます。一流の受験生は視点が違いますね。例えばですが、場所を変える、友達を誘って勉強する、いつもより休憩の頻度を高くする、といった工夫も効果的です。ぜひキミなりの工夫を見つけ出しましょう。

そして、受験勉強はしばしば、長距離走に例えられます。

長い勉強期間の向こうに待っているのは、大学入試合格というゴールです。

ゴールに辿り着くためには当然、いかに省エネしながら走り続けられるかが重要になってきます。

でも、多くの受験生は、短距離走のイメージで受験勉強と向き合っている。

常に全力で走り続けるために、「やる気」を一種のドーピング材料として用いる傾向にあります。

「やる気が起きないので勉強が進まない」というのは、「ドーピングのお薬がないから走れない」と言っているようなものなのです。

つまり、勉強を継続させるためのコツは、「やる気」に頼らず、勉強という行為を習慣化させてしまうこと。そして、「やる気が出ない」状態でも勉強を続けられるように工夫すること。

「やる気」や「モチベーション」という言葉自体は素晴らしいものですが、受験勉強に取り組むにあたっては、いったん蚊帳《かや》の外に放っておきましょう。

この章では、勉強を習慣化するための具体的なメソッドについて解説します。

いずれも「頑張って習慣化しよう！」と気合いで行うのではなく、あくまで環境から変えていくような実際的な行動に特化する必要があります。

日々の勉強に、燃えたぎるような「やる気」も爆発的な「モチベーション」も不要です。必要なのは、むしろそれらに左右されないフラットなメンタルなのです。

無駄ゼロ継続

座ったら0・1秒で勉強を始められる!「勉強途中環境」づくりを

無駄勉強法

机に向かっても、勉強以外の作業をしている

電気代を節約しようと思ったら、短時間であれば、いちいち消すのではなくつけっぱなしがいいと言われています。なぜなら、電気をつける初動のタイミングが最も電力を消費するから。

これはまた、ランニングや車の運転にも同じことが言えます。**何事においても、走り出しのタイミングが一番エネルギーを消費する**のです。勉強も全く同じです。カバンから筆箱を出して、シャーペンを取り出して、ノートを開いたところで、参考書がないことに気づく。「どこやっ

たっけな……」とひとしきり参考書を探した後に、やっと見つけて机の前に戻り、ようやく勉強を始めようと思ったら友達からＬＩＮＥが来る。勉強を始める前から集中力が削られまくって、なかなか取りかかることができない……そんな経験、キミにもあるんじゃないでしょうか。

こうならないためには、**座ったら０・１秒で勉強を始められるような環境を、常に整えておくことです。**参考書やノートもあらかじめ開いておく。筆箱からシャーペンも出して、芯《しん》まで出しておく。**休憩時もキレイにしまわず、あえて勉強途中の状態にしておきましょう。**また、とにかく視界にスマホ等が入ると、集中力が一気に低下します。第2章の「暗記専用の空間づくり」と同じ考え方で、「参考書と筆記用具と自分」だけの空間に、なるべく近づけることも有効です。

吉村のアドバイス

勉強中に音楽を聴くと、たとえそれが作業用ＢＧＭのような歌詞のない音楽であっても、多少なりとも集中力が削《そ》がれるという研究結果があります。集中力をマックスに高めるためには、無音の環境で取り組むほうがいいようです。

ウォーミングアップに、勉強する前に2桁の計算を3問解く

無駄勉強法

勉強に取りかかるまで、30分も1時間もかかるのが当たり前

いくら環境を整えても、いざ机に向かうと「あかん、全くやる気が出ない」という日もあると思います。

そんなときに試してほしいのが、ウォーミングアップに計算問題をやること。

東北大学の研究によると、簡易的な計算などの脳のウォーミングアップは、脳の前頭前野の

活性化につながることが明らかになったのだそうです。前頭前野とは、記憶・感情・行動の抑制といった情報処理を行う場所のこと。ここを活性化することによって、その後の勉強の記憶力や計算処理能力などの向上が期待できるのだとか。つまり、**勉強前の計算問題は、脳に極めて効果的な準備体操になる**ということです。

どうしても勉強にスムーズに取りかかれないという人は、勉強をする前に、計算問題をいくつか解くことを習慣づけてみてください。計算内容は簡易的なもので構いません。目安として、**2桁×2桁の計算を3問解く**くらいがちょうどいいでしょう。このアクションにより、前頭前野が活性化され、作業興奮（作業をしたことのドーパミン分泌により、脳が興奮状態になること）の高まりも相まって、勉強にスッと集中できるようになることが期待できます。

計算問題は自作したもので十分です。小学校のドリルなどがあれば、それを使うのももちろんOK。勉強の最初の一歩がなかなか踏み出せない人は、ぜひ試してみてください。

無駄ゼロ継続

具体的で実行可能なアクショントリガーを設定する

無駄勉強法

勉強をいつ、どこで、どうやるかを決めずに、場当たり的に行う

朝起きたらまず窓を開け、水を飲み、顔を洗う……。そんな日々のルーティンは、意識することなく自然に身体が動くもの。勉強を習慣化するには、こうしたルーティンの中にうまく組み込むのが手っ取り早いです。これも第2章でお話ししたアクショントリガーを活用しましょう。

アクショントリガーを設定する際のコツは、**すぐにでも実行できるスモールステップのもの、そして、普段の行動と紐づいているものに特化すること**です。例えば、「家に帰ったら勉強す

る」というのはあまりにも曖昧すぎて、トリガーとしては不十分。「家に帰る→うがいをする→服を着替える→ココアを飲む→勉強する」といったように、具体的、かつ簡単にできるルーティンを習慣づけるといいでしょう。

アクショントリガーに関しては、さまざまな研究結果が世界中で報告されています。例えば、『British Journal of Health Psychology』というイギリスの医学誌が行った研究で、248人の成人を対象に、2週間の運動回数を調べたものがあります。このうちの半数の人には、「食事をして皿洗いをしたら運動をする」「ペットに餌をやったら運動をする」といったように何かしらのアクショントリガーを設定させ、残りの半数の人は何もしないで実施しました。すると、実際に運動を継続できた人の割合は、アクショントリガーを設定したグループにおいては全体の91%、設定しなかったほうは37・5%という結果が出ました。**アクショントリガーを設定することで、その行動を継続できた人の数に、2・5倍もの差が出た**のです。

具体的にいつやるか、どこでやるか、何をやるかを決めておくと、行動の達成率は確実に上がります。日々の行動をアクショントリガーに紐づけて、無意識レベルで勉強に取り組めるようにしましょう。

短時間集中の「ポモドーロテクニック」は、実際に効果的

無駄勉強法

とくにルールを決めず飽きたら休憩する

もしキミが「長時間勉強に集中できない！」と悩んでいるとしたら、それは当然のことなので、悩む必要はありません。

人は本来、長時間集中することに対応していない生き物だからです。

はるか昔、人は狩猟を生活のベースに生きていました。

いつ危険な動物に襲われるかわからない環境下では、目の前のことに集中しすぎると、命の危険に晒《さら》されてしまいます。その遺伝子情報が今も残っているため、**そもそも人は、長時間ぶっ通しで何かに集中するようにはつくられていない**んです。

だから、「気合いで何とか集中するぞ！」と無理やり机にかじりつくのは間違い。

ここは有名な「ポモドーロテクニック」を使って、短時間集中するという方向に切り替えましょう。

ポモドーロテクニックとは、「作業25分→休憩5分」というサイクルを繰り返す短時間集中型の作業方法のこと。

受験勉強にもそのまま当てはめて、25分勉強したら必ず休憩を5分挟《はさ》むというサイクルで取り組みます。かなり有名な勉強法ではありますが、確かに効果的です。

このテクニックのポイントは、**勉強に飽きる前に休憩を入れる**こと。

実際のところ、25分で強制的に勉強を終わらせると、少し物足りなさを感じるでしょう。この物足りなさが「早く続きをやりたい!」という原動力につながり、**休憩後もスムーズに勉強に取りかかれる**ようになるのです。もちろん、こまめな休憩で集中力を回復できるというメリットもあります。

加えて、ポモドーロテクニックを続けていくと、「25分の間に自分がどのくらい勉強できるのか」が感覚的にわかってきます。

勉強における時間とタスクの管理ができるようになるので、全体の予定が立てやすくなるのも大きな魅力です。

注意点としては、**5分の休憩時間にスマホを見ない**こと。

まれに、「ポモドーロテクニックを試してみたら、5分休憩のはずが、気づいたらスマホを1時間も見ていた……」という元も子もない結果になってしまっている受験生もいます。

休憩時間は気分転換に部屋を出てみたり、ストレッチしたりする時間にあてましょう。

25分に慣れてきたら、「40分↓休憩5分」「50分↓休憩10分」と、勉強時間を徐々に長くしていきましょう。

それに伴い、集中の持続力もグングンと鍛えられていきます。

本番の試験時間は少なくとも60分以上はあるので、本番に集中力が途切れないよう、ポモドーロテクニックを実践するなら早いうちから取り組むことをオススメします。

無駄ゼロ継続

オンライン自習室を利用して、手元のスマホを使用不可に

無駄勉強法

SNSが気になって、勉強中もスマホが手放せない

いつ何時も手放せないものは？　現代の受験生の9割が、「スマホ」と答えるでしょう。ベネッセ教育総合研究所の調査によると、受験生の1日のスマホ・タブレットの使用時間に「1時間〜2時間未満」と答えた受験生が最も多かったようです。僕からしてみると、ハッキリ言って、「1時間〜2時間未満」は見すぎ。スマホの悩みに関しては、いろいろなアプローチの仕方があります。例えば、「SNSを見る時間は1日30分」と決めてそれを厳守する、「スクリ

ーンタイム」を使って使用時間を制限する、などなど。

スクリーンタイムとは、主にスマホの「設定」の中に入っているデバイス管理アプリのこと。どんなウェブサイトを見たか、どんなアプリを使ったか、その使用時間はどのくらいかといった、スマホ利用状況を可視化することができます。ただ、可視化できても、「そうなんや」で終わったら意味がありません。スクリーンタイムでは各アプリの使用に制限をかけることもできますが、解除するのも簡単なので、結局は自分の意志に頼るしかないといったデメリットも。

いっそのこと、勉強中は親にスマホを預けてしまうのも手です。中には、わざわざスマホを解約してガラケーに切り替え、東大に合格したというツワモノもいました。

僕のオススメは、**オンライン自習室を利用する**こと。複数の受験生たちが、ウェブカメラで自分が勉強している様子をオンラインにのせ、「見られている」という緊張感を持って自宅学習に取り組めるサービスです。ネットで探せば無料で開放しているところを見つけられますし、僕が経営している塾でも実施しています。このオンライン自習室では、スマホで手元を映しながらやるので、**そもそも「スマホが使えない」という絶好の環境をつくることができます**。

また、他の受験生が一生懸命勉強している姿を見るのも、いい刺激になるかもしれません。

無駄ゼロ継続

「ご褒美」でなく「ペナルティ」を課す

無駄勉強法

30分勉強したら、ご褒美にスマホを見る

突然ですが質問です。

Q1　キミなら、どちらを選びますか?

①無条件で100万円もらえる

②2分の1の確率で250万円もらえる

あるいは、次の質問はどうでしょう?

Q2 コインを投げて、表が出たら3万円もらえる。ただし、裏が出たら2万円支払わなければいけない。このゲーム、やる? やらない?

Q1の質問では①、Q2の質問には「やらない」と答えたのではないでしょうか。

人は「得する」ことよりも、何かを「損失する」ことのほうを恐れる傾向があります。

Q2のコインの質問なら、「3万円もらえる得」よりも、「2万円支払う損」のほうを優先する人のほうが多いでしょう。最初の質問には一見「損」はないように見えますが、2分の1で外れを引いて250万円もらえなかった場合、「無条件で100万円もらっておけばよかった」という後悔が発生するリスクがあるため、①を選ぶ人のほうが多いはずです。

期待値で考えればQ1は、①確率1で100万円もらえるので期待値は100万円。②は1/2の確率で250万円がもらえるので250万円×1/2=125万円。②のほうが期待値は高いのです。

Q2は、表→1/2で3万円、裏→1/2でマイナス2万円なので、期待値は1/2×3−1/2×2=1/2(5000円)。つまり、やったほうがお得なのです。

にもかかわらず、多くの人は、「損するのがイヤ」という感情に任せた選択をしてしまう。

つまり、物事に「損失」が絡んだとき、人は無意識に損失を避ける選択をするということです。

これを「**損失回避の法則**」と言い、受験勉強にも活用することができます。


例えば、「なんでこんなに勉強しなきゃいけないんだろう……」という根本的なことが気になって、勉強が進まない。受験生なら、誰でも経験があると思います。そういうときに、「勉強を頑張って大学受験に受かれば、こんなに楽しいことが待っている！」と考えるよりも、「今サボって受験に落ちたら、浪人生活が待っている。なりたい仕事にも就けなくなる……」という後ろ向きな思考のほうが、頑張って手を動かそうとする力が湧いてくると思いませんか？

そのイメージは、より具体的なほうがいいでしょう。「**今勉強をしないことで、どんな残酷な未来が待っているか**」をリアルに想像するのです。


僕はまさに、このマインドで受験勉強を乗り切ったようなものでした。この本の冒頭でお伝えした通り家庭が貧乏だったので、もし受験に失敗したら、そのまま就職か自宅浪人の2択しかありません。崖っぷちの状況で、サボる精神的余裕をなくしていったのです。

こうしたインセンティブは、もっと身近なことにも設定できます。例えば、「次のテストで学年30位以内に入らなかったら、お小遣い5000円を返金する」というルールを課し、ご両親ともそれを共有しておく。あるいは、「単語テストで9割の正答率を下回ったら、友達と遊ぶ約束をキャンセルする」と決め、友達に宣言する。お金や友達との約束など、**「損失」には重要度が高いものを設定し、それを誰かと必ず共有する**ことがポイントです。

損失回避の法則で考えれば、人は今ある可能性を取り上げられるというペナルティに強く反発するため、それが必ず行動にも表れるはずです。「学年30位以内に入ったらお小遣い5000円がもらえる」「単語テストが満点なら友達と遊びに行ける」といった〝ご褒美制〟よりも、「損失」に目を向けたやり方のほうが、やる気のカンフル剤としては有効でしょう。もしくは、「先にもらっておいて、未達なら失う」というやり方も効果的です。

とはいえ、常日頃から「落ちたら終わる」というネガティブ思考に陥らないよう注意。損失回避の法則は、あくまで身近な勉強法のティップスや、どうしてもやる気が出ないときのカンフル剤として活用するようにしましょう。

20分限定の仮眠ならパフォーマンスが向上する

無駄勉強法

机に向かうと眠くなる……いくら眠くても気合いで頑張る

昔からある普遍的なお悩み、シンプルに「眠い」。眠いですよね。僕も受験生だった頃は睡魔との闘いを余儀なくされていました。

結論として、眠いときは寝たほうがいいです。ただしベッドではなく、**必ず机に伏せて座ったまま、20分ほどの短時間ですます**ことです。

作業中の短時間仮眠は「パワーナップ」と呼ばれ、パフォーマンス向上に効果があるとして、グーグルやアップルなどの世界的な企業で積極的に取り入れられています。

カリフォルニア大学の研究によれば、入眠20分ほどで訪れるノンレム睡眠には、情報を整理・記憶するワーキングメモリを強化する働きがあるのだとか。短時間睡眠で頭がスッキリした気がするのは、きちんとした科学的根拠があったわけです。

ただし、仮眠が30分以上に及ぶとより深い睡眠に到達してしまい、逆に寝覚めが悪く、起きてからもボーッとした状態になりがち。さらに、パワーナップは昼間限定の睡眠法なので、夕方以降に行うのはNGです。

食生活では、**炭水化物を控えめにすると、眠気を抑える効果が期待できます**。そもそも眠気は、血液中のブドウ糖の量が増え、血糖値が上昇することによって引き起こされるもの。そこで、血糖値を急上昇させやすい炭水化物をなるべく控えることで、「お腹いっぱいになったら眠くなってきた〜」という状態を回避できます。満腹は眠気を誘うので避けたほうがいいですが、空腹でいるのも、いざ食べたときに血糖値が急上昇する原因になります。理想は1日3食、適量を規則正しく食べること。ダイエットと通じるものがありますが、受験勉強もこれに尽きます。

「苦手」と決めつけると、人生損する

無駄勉強法

苦手教科はやりたくないので先延ばしにする

苦手教科をどう克服するか。この具体的なメソッドの話をする前に僕が伝えたいのは、そもそも「苦手」と思うことに何のメリットもないということです。

人によって、得意・不得意は確かに存在するでしょう。でも、「国語の成績が上がらないから苦手」「数字を見るだけで頭が痛くなる。数学はムリ」といった理由で「苦手」と思っているなら、それはとてももったいないことです。そもそも、**言われている「苦手」はすべて個人の**

主観による解釈です。一度「苦手」と思うと「後回し」が続き、その科目の勉強量が圧倒的に減っていき、結果的に成績が伸びなくなり、「あー、やっぱり苦手だわ〜」に着地する。それって、本当に「苦手」なんでしょうか。

キミが苦手だと感じる教科は「苦手だからやっていない」のではなく、**「やっていないから苦手」**である可能性が高いのではないですか?

特定の教科を苦手認定することは、勝手な決めつけにすぎません。そしてそれは、ある意味では、ラクな逃げ道でもあります。テストの点数が悪くても「苦手だからしょうがない」と思い、そこに着地できる。ちょっと厳しい言い方をすると、「苦手」を言い訳にして甘えているのかも? とも思います。

例えばスポーツの世界なら、向き・不向きはもっとシビアです。バスケは背が高いほうが圧倒的に有利ですし、格闘技なら強靭《きょうじん》なフィジカルが求められます。でも勉強なら、努力次第で何とかなる部分がたくさんあります。加えて、100点を取る必要はなく、合格ボーダーのギリギリの点数を確保すればいいだけの話です。勉強にも根本的な向き・不向きがあるにせよ、キミが「できない」と思っているより、実際はもっとできるはずなんです。

「苦手」ということは、ある種のチャンスでもあります。まだまだ改善できる伸びしろがたくさんあって、チャレンジすることで、必ず何らかの成果を得られるからです。**このチャレンジをするために一歩踏み出せるかどうか**。苦手教科の克服とは、たったこれだけの話です。ここを先延ばしにして、「苦手」というカチカチに凝り固まったマインドのままでいると、いつまで経っても苦しいままの状態が続きます。

解決法は、この本の冒頭でお話しした、問題を「小さく」分けて考えることです。まずは、「国語が苦手」という「解釈」を「事実」に直すこと。「具体的に国語の何が苦手と感じるか↓長文を読むのがしんどい↓なぜ長文を読むのがしんどいのか↓長文の意味がすんなり頭に入ってこない↓語彙力不足なのかも」。ここまで小さく嚙み砕けたら、「語彙力アップの参考書を買って読んでみる」という具体的な策を立て、実行できます。頑張って「苦手」に一歩踏み込み、問題点とやるべきことが明確になると、意外と「思ってたよりいけるかも！」という感覚になれるはずです。

これを繰り返していくことによって、**キミの中に、固定観念にとらわれないしなやかなマインドが築かれていきます**。特定の教科の成績が悪くても「苦手」とラベリングせず、「今は点数が少し悪いだけ」と1つの現象として捉えられるような、フラットで客観的なマインドです。

このマインドを持てる人は、社会人になっても強いです。何か新しいことに取り組むときに、固定観念にとらわれる人は、「自分には荷が重いかも」「失敗したらどうしよう」という不安から抜け出せません。一方、しなやかなマインドを持つ人は、「初めてだからできないのは当たり前」「とりあえずやってみよう」という柔軟なスタンスで挑むことができます。

対人関係にも如実《によじつ》に差が出ます。「この人は苦手」「あの人は何を言っても変わらない」と思うのか、「苦手だからこそ、もっと知ってみよう」と思うのかで、コミュニケーションも相手の反応も大きく変わるでしょう。

柔軟なマインドを手に入れることで、キミが達成できることの可能性はグッと広がります。苦手な科目と向き合うことで、キミ自身の人間力も鍛えていきましょう。

無駄ゼロ継続

周囲の情報はシャットダウン。1人になる勇気を

無駄勉強法

友達の成績は伸びているのに……周囲と比較して焦ってしまう

受験勉強をスポーツに例えるなら、1人で淡々と走り続けるマラソンのような陸上競技です。自分の前や後ろを走るライバルはいますが、球技や格闘技のように、彼らと直接対戦するわけではありません。

よって、**友達の成績を気にするのは、全く意味のないこと**です。他人は他人。自分は自分。今すぐ周囲を気にするのはやめましょう。

……と頭ではわかっていても、気になってしまうのが人間です。「昨日○時間勉強した」「あの参考書、○周目に入った」。友達のそんな言葉を耳にすると、関係ないのはわかっていても、思考がどんどんネガティブになってきます。

ここで心がけたいのが、「意味ないのに、また他人と比較してしまった。今すぐやめないと……」と、無理やり自分を矯正《きょうせい》しないこと。「どうしても他人と比べてしまう。自分はそういう性格なんだな」と、まずはありのままの自分を客観視し、受け入れるようにしましょう。

すでに何度もお話ししていますが、人は、気合いで行動を継続的に変えるのは難しい生き物です。そして、感情をコントロールするのはなかなか難しいものです。だから、環境から変えていく必要があります。友達の成績が気になるなら、それにまつわるあらゆる情報をシャットダウンすること。友達と成績や志望校の話はしない、一緒にいる時間を少し減らしてみる、などなど。受験生の体験談には、友達の模試の結果や判定を聞かないように、休み時間は極力1人になることを心がけていた、なんていうのもありました。

いずれにせよ、**友達は受験のライバルではありません**。気にするだけ時間の無駄だということは、いつも頭に置いておきましょう。

こんなに辛い思いをして大学に行く意味ある？

無駄勉強法

勉強を止めて、受験をする理由から考え直す

「こんなに辛い思いをしてまで、大学受験をする必要があるんだろうか？」

勉強がマンネリ化してきたとき、成績が思うように上がらなくなってきたとき。何かしらの壁にぶつかったとき。**根本的な疑問を抱き、勉強が手につかなくなる受験生は結構多い**です。

結論から言うと、今のキミが、大学に行く意味や勉強する意義を考えても**正解は出ません**。

「何のために大学に行くのか？　どの大学が一番自分に合っているのか？」それを考えるべき

時期は、とっくの昔に過ぎています。

気持ちはよくわかります。受験勉強は辛いです。でも、**そこを考えるタイミングは、志望校を決める前にあったはず**です。厳しいことを言いますが、ゴールに向かって走り出した今、「勉強が辛いから」という理由で、自分を守るために勉強の意義を見つめ直そうとするのはやめましょう。「現状がしんどいから、こういうことを考えてしまっているな」という俯瞰《ふかん》した視点を持って、必要であれば場所を変えるなどして意識を勉強に戻しましょう。

もっとも、「受験って意味ある？」を考えること自体は、決して悪いことではありません。けれど考えるなら勉強中ではなく、「お風呂の時間に考えよう」などと、勉強とは別に考える時間を確保しましょう。僕も実際、勉強中に余計な考えが頭から離れなくなったときは、「**後で考えることリスト**」として紙に書き出し、**勉強中は勉強のことだけに集中する**ようにしました。

とはいえ、迷える受験生のために、もしかすると何かの励みになるかもしれないので、この章の最後に僕の意見を書かせていただきます。

学生が勉強をする意義、それは、「世の中で活躍できる大人になるため」だと僕は考えています。抽象的なので説明しますね。まず、勉強に関する誤解を解かなければなりません。

キミはそもそも勉強を、「知識を蓄えて問題を解くこと」だと思っていませんか？　公式や単語を覚えて、問題を解く。確かにこれは、受験勉強の基礎的な部分です。でも、小学校から高校生になってまでも、やり続ける理由は何でしょうか？　それは、**いまだに答えの見つかっていない問題に対して、自分なりの答えを見つけられるようになるため**です。

今キミが取り組んでいるのは、現状はまだ、答えが用意されている問題です。これをやり続ける理由とは、**将来、答えのない問題を解けるようになるための準備**なんです。

大人になれば、答えのない問題に答えを見つけていける人が重宝されます。そうやって世の中は発展してきました。キミがそうした大人になりたければ、**今、たくさん勉強しないといけません**。ここで言う〝活躍できる大人〟とは、「国を動かす！」とか、「ノーベル賞を取る！」とか、そんな大きなことに限りません。どこで働いても問題は起きます。そして、新しい挑戦をすべき局面に、必ず立たされます。そんなときに先陣を切って、責任を負って答えのない問題に挑める。そんな人こそ、〝活躍できる大人〟なのです。

まぁいずれにせよ、今目の前のことに没頭できる人ほど強い人はいません。それを理解したうえで、悩むべきは悩み、切り替えるところは切り替えて勉強していきましょう。

第5章

勝つために「本番まで無駄ゼロ」

本番まで1カ月を切ったら、ゴールはすぐそこ。
ここからは、勉強プラス、
体調管理やメンタルコントロールにも
いっそうの注意を払っていきましょう。
本番でいかに実力を発揮できるかは、
1カ月前からの過ごし方で変わってきます。
ここからは、受験直前期に必要なことすべてを
お伝えします。

本番まで無駄ゼロ

本番まで30日を切ったキミがすべきこと❶

C判定以下でも焦らないメンタルの整え方

試験直前期を迎えた今、キミはどんな気持ちですか?

「準備万端! 早く実力を試したい」

みたいな超メンタル強者を除いて、多くの受験生は、

「本番のことを考えると今から緊張する」

「不安や焦りで勉強が手につかない」

「今の頑張りがすべて無駄になったらどうしよう……」

と、揺らぐ気持ちと闘っているのではないでしょうか。

人は、未来のことを考えると不安になるものです。これは受験に限らず、社会人になっても同じこと。未来は予想不可能なもので、誰しもが、見えない不安や想定外のトラブルにメンタルを乱されます。

「先のことを考えても無駄！　今は目の前のことに集中」と割り切れたらいいのですが、感情はそううまくコントロールできません。緊張や不安は自然なものだと受け入れたうえで、次のことを実行してみてください。

まず、特に共通テスト直前に多いのが、予想問題などが解けなくて不安になってしまうケース。このとき、「この段階で解けないのはもうダメだ……」とネガティブにならず、「できない問題あざっす」と感謝するくらい強気でいきましょう。**本番直前で解けない問題に出会えたのは、幸運でしかありません。**本番に初見で出てきてしまったら解けなかったわけですから、ギリギリの出会いに、むしろ感謝すべきなのです。

このマインドを保つことができれば、どんな局面でもポジティブにやり過ごすことができます。「覚えてない単語があった、今気づけてよかった！」「新しい解法キタ！　ギリギリのタイミングで感謝」といった具合に、「マイナスの発見＝弱点の克服」とプラスに捉えましょう。

また、この時期は、各予備校で実施されたプレテストが返却される頃です。そこでC判定以下を取ってしまった受験生は、「このタイミングでの逆転はムリや。終わった……」と落ち込みがちなのですが、まだ大丈夫です。

そもそもプレテストは、少し前に解いたものですよね。プレテストに限らず、**模試の結果はおおむね1～2カ月前の自分の実力が反映されたものなので、そこから飛躍している可能性が高い**です。なので、プレテストが返ってきたら、まずは落ち着いて、解説を見ずにもう一度解いてみること。今の実力でどのくらいできるかを確認したうえで、苦手な分野を集中対策してみるといいでしょう。

プレテストが返ってくると、「〇判定！　安心した」「〇点だった」といったように、ＳＮＳで点数自慢が横行します。これ、すべてスルーしましょう。というより、できれば**ＳＮＳはすべて封印して、ひきこもる**のが理想です。情報収集や気分転換のためにYouTubeをたまに観るのは問題ありませんが、誰もが気軽に発信できるＳＮＳに関しては、知りたくない情報が意図せず目に飛び込んでくることもあるので、なるべくなら距離を置いてください。

ネットに限らずリアルの世界でも、受験生は緊張でピリピリしてくる時期です。友達どうしの何気ない会話でも、「過去問どれくらい解けた？」「模試の判定どうやった？」みたいなやりとりは、自分のためにも友達のためにも避けるに越したことはありません。ただし一方で、気の置けない友達や家族とのコミュニケーションが、メンタルを整えてくれることもあります。

これは僕の持論ですが、**ある種の感情は、口に出したらエネルギーとして逃げていく**という実感がありました。例えば受験期、自分が「緊張しているな」と感じたら、「あかん、テスト近くて緊張してるわ」「なんかピリピリしてるかもしれん」というのを、実際に口に出して誰かに伝えることで、その感情が収まるような感覚がありました。

あくまで僕の体験談ですが、よかったら試してみてください。ただし、伝える相手は両親や先生などの身近な大人で、受験とは関係ない人にすること。友達に「緊張してる」と伝えて、それがうつってしまったら悪いですからね。

本番まで30日を切ったキミがすべきこと❷

本番と同じ時間、順番で問題演習を行う

この時期になったら、本番を想定した勉強法・生活リズムにシフトしましょう。

これまでの勉強は、基本的に、日々の行動予定プラス、「化学が伸びているから強化するぞ！」「英単語が不安だから暗記しよう」といったような、そのときの気分で取り組んできた部分もあると思います。

でも、本番まで30日を切ったこの段階では、学校のない週末はその勉強法をやめ、**本番の時間割りに沿った科目の問題演習に特化する**こと。

これを実践するには言わずもがな、本番の時間割が頭に入っていることが大前提です。「知らんかった」という人は、今すぐに調べてください。

例として、P219の表は2024年度の共通テスト1日目の試験科目とその時間です。これに合わせて、社会を2科目取っている人なら9時半から問題演習を開始し、国語は13時から、英語の筆記は15時10分から、リスニングは17時10分から取り組むといった感じで進めていきます。

実際にやってみると、思いのほか朝が早くて社会に集中できなかったり、逆に夕方は疲れて、リスニングで普段は聞き取れていた単語が聞き取れなかったりといった、想定外の変化に気づくことができるはずです。

お昼休みが意外に長いのもポイント。これだけ長い休憩をとった後できちんと国語に集中できるか、といったことも試せるわけです。

このとき大切なのが、必ず、**本番と同じ環境設定をする**こと。

試験本番は、机の上に筆記用具と時計しか置くことができません。ノートや筆箱などの小物は一切排除し、テストの問題用紙と解答用紙だけがある状態で、正確に時間を計って解くようにします。マークシートを使う場合は、計算はシャーペンを、マークは鉛筆を使うのが一般的なので、その辺りの細部までこだわって再現することが大切です。

勉強法と同じように、生活リズムも本番に合わせて整えていきます。

本番30日を切っていれば、試験の時間や会場もわかっている頃でしょう。**前日は何時に寝て、当日何時に起きるかといったスケジュールを決めておいて、今からそのリズムで生活し、習慣づけておく**ことです。1カ月前とは言わず、「夜型から朝型に戻す」くらいは、できれば3カ月前くらいから変えてみてほしいくらいです。

特に本番前日は、緊張で眠れないことがほとんどです。

そこで、1カ月前のこのタイミングでは、**寝る前のルーティンをつくる**のがオススメ。「ホットミルクを飲んだら寝る」「お風呂に入ってストレッチしたら寝る」といった睡眠のアクショントリガーをつくって、スムーズに入眠するための習慣をつけておくといいでしょう。

言わずもがな、体調管理も超重要です。うがい・手洗い、出かけるときは必ずマスクをするなどして、細心のケアを心がけましょう。本番1週間前は、用事がなければ外に出ないくらい

2024年度 大学入学共通テスト　時間割

	試験教科・科目	試験時間
地理歴史 公民	「世界史A」「世界史B」 「日本史A」「日本史B」 「地理A」「地理B」 「現代社会」「倫理」 「政治・経済」 「倫理、政治、経済」	2科目受験 9:30-11:40 1科目受験 10:40-11:40
国語	「国語」	13:00-14:20
外国語	「英語」「ドイツ語」「フランス語」 「中国語」「韓国語」	筆記 15:10-16:30 リスニング　英語のみ 17:10-18:10

の鉄壁防御でもいいくらいです。

どんなに勉強して実力を身につけても、本番に「環境が違って力を発揮できなかった……」となってしまっては悲しすぎます。

勝負所でベストパフォーマンスを発揮するためにも、本番を想定した勉強法&生活習慣の実践、そして最大限の体調管理を必ず行ってください。

本番まで無駄ゼロ

本番まで1週間を切ったキミがすべきこと❶

新規の問題集に手を出さない。今までやったことをひたすら強化

本番1週間前は、各予備校が出している共通テストの予想問題パックや、過去問を解く受験生が多いと思います。高3の1月から2月で学力がグッと伸びる人も多いので、最後まで気を抜かずに追い込みをかけましょう。

ただし、**本番まで1週間を切ったタイミングでは、新規の問題を解いたり新しい参考書を開くのはやめてください。**もし新規の問題に手を出して、解けなかったら？　わからない問題との出会いを「あざっす」と思えと言いましたが、さすがに1週間前となると、焦りでメンタルがやられてしまう可能性があります。また、「最後に知識を詰め込もう」精神で新たな参考書

を手に取っても、そこで得た知識は、おそらく本番までに脳に定着しません。

それならば、**今まで解いた過去問の復習をしたり、参考書の抜けを強化するほうが、直前の勉強法としては効果的**です。これまでに繰り返し勉強してきた、にもかかわらず、抜けている知識やできない問題をいかに克服できるかで、合否が分かれると言っても過言ではありません。

さらに言えば、そこで新しいアプローチができれば理想的です。

復習といっても、今までと同じやり方で、ただ漫然と取り組むのはあまりオススメしません。その問題をなぜ解けないのかを分析したり、あまり試したことがなかったアプリを活用して『一問一答』を解いたりと、違う視点からのアプローチを試みてください。繰り返しお世話になった過去問、参考書だからこそ、最後は別の角度から考察することで、知識がより深いものとなって浸透していきます。

それは例えば、家族の誰かに、『一問一答』をランダムに出題してもらうといったやり方でも構いません。暗記の定着に有効ですし、応援してくれている家族とコミュニケーションをとることで、メンタル的に安定するという大きなメリットもあります。

本番まで無駄ゼロ

本番まで1週間を切ったキミがすべきこと❷

想定外をあらかじめ「想定内」にしておく

ここに来ていよいよ、いっそうの不安や緊張に押しつぶされそうな受験生もいるでしょう。「本番パニクったらどうしよう」「初手でつまずいたら……」、そんな妄想を先走らせる前に、まずは落ち着いて、1つひとつ冷静に対処法を考えることです。

ハッキリ言って、本番当日は、何かしら想定外のことは必ず起こります。

重要なのは、**起こりえる想定外のことを予想して、あらかじめ想定内にしておく**こと。これをやっておけば、当日に何かトラブルが起きても、「はいはい、こうなることも予想してました」というフラットな気持ちで対処できます。

そこでここでは、よくあるトラブルとその対処法をまとめておきます。

これらを今から頭に叩き込み、実践できるものは実践し、想定内の事象に変えてしまいましょう。

■交通トラブル（電車遅延や渋滞）

・時間に余裕を持って行動する
・近くのホテルに前入りする
・複数の行き方を調べておく
・電車の場合、遅延証明書を必ずもらう
・現金は多めに用意する

■迷子

・当日までに現地を下見しておく
・誰かについていかず、近くにいる人に聞く

・構内の地図を持参する（Google Mapなどでは校内の詳しい場所までわからない可能性があるため）

■忘れ物

・受験票忘れ↓再発行できます。落ち着いて係の人に声をかけてみましょう。写真などを撮っておくと◎

・筆記用具忘れ↓借りるor買う。係の人に相談する

■室温が高すぎるor低すぎる

・室内は想像以上に暖房が効いていることがあります。暑いと頭がボーッとするので、体温調整がしやすいよう、厚手のものを1枚着るのではなく、重ね着をするようにしましょう

・逆に寒い場合もあるので、ひざかけや羽織れるブランケットなどを持参しましょう

■緊張したら

・そもそも緊張しないわけがないことを理解する

・緊張していることを自覚する（メタ認知）
・解けない問題が出たらどうしよう→必ず出る。だから、解ける問題を確実に解けるようにする
・周りも緊張していることを理解する。緊張しているのは自分だけじゃない
・深呼吸をして肺に多くの酸素を送り込む

■解けない問題が出たら

・深呼吸、伸びをする、目をつむる、黒板や天井など遠くを見るなどして、15秒ほどその問題から離れてみる。時間を置いて再度問題と向き合うと、意外な見落としに気づけたりする
・そもそもすべての問題を解けるわけではないことを理解する
・よって、ある程度考えてわからなければ、潔く次の問題へ行く
・初手の問題でわからなくても同じこと。飛ばして次の問題をやり、後で戻ってきてもいい
・おそらく他の受験生も解けていないと冷静に分析する

本番まで無駄ゼロ

本番当日にキミがすべきこと❶

直前のウォーミングアップで得点アップを狙う

当日のトラブルシューティングに加えて、事前に知っておきたい「本番当日にやるべきこと・やってはいけないこと」があります。まずやるべきことは、「英語と数学のウォーミングアップ」です。

英語のリスニングの第1問目は、意外にも正答率があまりよくないと言われています。原因として考えられるのが、初手はいわゆる〝英語耳〟になっておらず、英語をスムーズに聞き取れないということ。それを防ぐためにも、**リスニングのテストの前の休憩時間に英語を聴いてください**。音楽ではなく、共通テストのリスニングの音声などがオススメです。

数学に関しては、本番の日の朝に、**数学の問題をいくつか解いてから試験会場に向かってください**。何度も解いた予想問題や前年度の共通テストなど、絶対に満点が取れるくらいの自信がある問題がいいでしょう。これももちろん、数学の計算処理速度を高めておくため。**特に共通テストは時間がないため、数学は初速から上げていく必要があります**。朝に問題を解き、数学脳がスイッチオンになった状態で試験に臨めるようにしましょう。

1日目のテストが終わった後に絶対にやってはいけないこと。それは、自己採点です。**テストが終わると解答速報が出ますが、チェックするのは絶対にやめてください**。ちょっと不安な問題があっても、調べて答え合わせをしないこと。もし間違っていた場合は無駄にメンタルをやられますし、「ここは間違えたけど、あの問題は確実に合ってるから○点は確保できて……」とぐるぐる考える行為自体が、時間のロスにつながります。

このときにやるべきことはただ1つ。2日目のテスト対策です。終わったテストの結果とはイヤでも向き合うときが来ます。今はひたすら、翌日のことに集中しましょう。

本番まで
無駄ゼロ

本番当日にキミがすべきこと❷

万全の状態なんてないことを理解する

いよいよ試験本番です。長かったようで短かった勉強漬けの日々とも、ようやくお別れ。受験勉強という長く孤独な闘いに挑み、完走目前という位置にいるキミがやるべきことは、**ここまでやり抜いた自分の力を信じる**ことです。

当日は、おそらく寝不足の状態で挑むことになるでしょう。僕も入試前日は、布団に入っても緊張で1時間くらいは眠れませんでした。でも、大丈夫。**1日くらいの寝不足は、アドレナリンで何とでもなります**。

そもそも、「快眠、ノートラブル、万全の状態で受験できました！」という受験生はほぼいません。大半の受験生は緊張で寝不足でしょうし、当日は何かしらのトラブルが起こります。

僕は京大入試当日、近くに黒魔術師のようなコスプレをした受験生がいて、めちゃくちゃ動揺した経験があります。試験が始まり、かぶっていたトンガリ帽子を置いて問題を解いている様子を見て、「いや真面目に解くんかい！」と心の中でツッコミを入れていました。……まあ、当日はいろいろ起こるよねっていう話です（笑）。


万全の状態で試験に臨むなんてことはありません。

寝不足でも、緊張していても、これまで頑張ってきたキミの努力が絶対にキミを支えてくれます。「解答を始めてください」という試験官の声が聞こえたら、あとはもう、目の前に置かれた問題用紙を解くだけ。

本番当日にキミがすべきこと。それは、自分を信じて合格を勝ち取ることです。

おわりに

改めまして、ポラリスアカデミア代表の吉村暢浩です。

本書を最後まで読んでいただき、ありがとうございました。

この『無駄ゼロ勉強法』は私の初の著書になります。私自身、本格的に京都大学を目指し始めたとき、金銭的な事情で塾にも行けず、毎日朝6時から野球部の練習に追われ、模試もぶっちぎりのE判定。そんな悲惨な状態でした。でもそんな中でも、自学自習のみで京大の工学部に現役合格することができ、今では大学受験塾の代表を務めております。本書には、私がその過程で学んだ勉強のすべてを詰め込んでいます。志望校合格に必要な考え方・計画の立て方・勉強の仕方・復習の仕方などなど、あらゆるものを詰め込みました。すべて読んで実践していただければ、たとえ今E判定でも、私同様に逆転合格を実現できるんじゃないかと思います。

私には、受験生の皆さんに伝えたいある想いがあります。それは、「**受験生の皆さんには受験を受験で終わらせてほしくない！**」という強い想いです。どういうことかと言うと、せっかく辛い受験勉強をやり抜くんだったら、合格以外にもスキルを身につけてほしい、ということですね。中でも**一生モノのスキルである目標達成のスキル**を身につけてほしいと思っています。目標を立て、達成のための計画を立て、地道な努力を続けながら、努力の仕方を工夫する。これってまさに、受験勉強そのまんまなんですよね。しかも、受験勉強って必ず答えがあるんです。すぐに答え合わせができるんです。これはデカい。社会に出ると、決まった正解のない問題ばかりが押し寄せてきます。そして、そんな答えのない闘いで勝ち抜いていくためには、答えのある闘いで成果を残すということが非常に重要になってきます。

そう、受験勉強で成果を出すというのは、実は学歴だけじゃなく、社会で勝ち抜く力を身につけることにもつながるんです。公務員になろうと、会社員になろうと、会社をつくろうと、どの組織にいても問題は起きます。大人になると、新しい挑戦をしないといけない局面に必ず立たされます。そんなときに先陣を切って、責任を負って、答えのない問題に挑める大人。カッコいいですよね。

勉強を勉強で終わらせない。受験を受験で終わらせない。そんな受験生になることができれば、本書を今読んでくれているあなたは、きっとカッコよくて素敵な大人になってくれることでしょう。ひたむきに頑張るあなたを、心より応援しています。

吉村　暢浩（よしむら のぶひろ）
大学受験コンサル ポラリスアカデミア代表。2018年、京都大学工学部を卒業、同大学大学院に進学。2019年に京都大学大学院を退学し、受験コンサルティング事業「ポラリスアカデミア」を立ち上げる。2021年、株式会社ポラリスを設立。社会で勝ち抜くために必要な問題解決能力を大学受験を通じて身につける独自の指導を行う。受験生が事業家である虎からの出資と融資を目指すYouTubeチャンネル受験生版「Tiger Funding」に最年少の虎(当時)として出演。

「3つの型《かた》」でE判定《はんてい》から逆転合格《ぎゃくてんごうかく》！
無駄《むだ》ゼロ勉強法《べんきょうほう》

2024年２月22日　初版発行

著者／吉村《よしむら》 暢浩《のぶひろ》

発行者／山下 直久

発行／株式会社KADOKAWA
〒102-8177　東京都千代田区富士見2-13-3
電話 0570-002-301(ナビダイヤル)

印刷所／大日本印刷株式会社

製本所／大日本印刷株式会社

●お問い合わせ
https://www.kadokawa.co.jp/（「お問い合わせ」へお進みください）
※内容によっては、お答えできない場合があります。
※サポートは日本国内のみとさせていただきます。
※Japanese text only

定価はカバーに表示してあります。

ISBN 978-4-04-606681-7　C7030